LITERATURA

caderno de Competências

conecte LIDi

Sumário

Enem   3
   Os objetivos   3
   ProUni e Enem   4
   O Enem e as universidades   4
      Interdisciplinaridade e contextualização   5

Para ler o mundo   9
   Para ler o texto   9
   Diagramas e infográficos   9
   A matemática nas páginas dos jornais   11
   Ler os mapas para ler o mundo   13
   A linguagem publicitária   15
      Na esteira de fantasias e desejos   15
      Persuadir para mobilizar   16
      Para mudar comportamentos   16
      Persuadir pela emoção   18
      Interagindo com a publicidade   19
   Tiras e charges: aprendendo por meio da arte   19

Os eixos cognitivos   21
   A matriz do Enem   22

Linguagens, códigos e suas tecnologias   23
      Linguagens e seus objetos do conhecimento   26

Atividades   28

Enem

O **Enem — Exame Nacional do Ensino Médio** — está presente na vida dos estudantes brasileiros há mais de uma década, desde que foi instituído em 1998. De lá para cá, sua importância é crescente, como mostra o número de alunos inscritos.

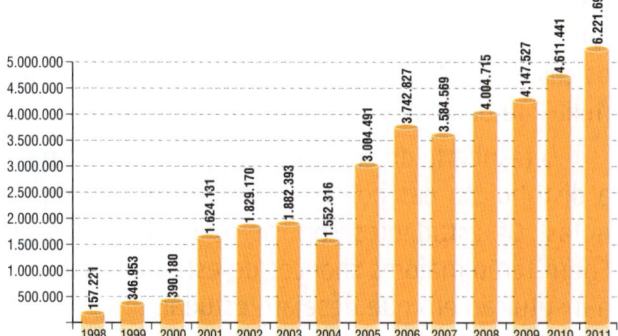

O Enem é diferente da maioria das provas dos vestibulares tradicionais e das avaliações aplicadas no ensino médio. Não se trata de dizer que "o Enem é mais fácil ou mais difícil" que as outras provas, mas compreender por que ele é diferente.

> **Dica:**
> Até a época da realização da prova, consulte regularmente o portal do Enem (www.enem.inep.gov.br) e leia todas as informações disponíveis.

Os objetivos

Atualmente, os educadores concordam que uma sólida formação geral — adquirida na educação básica — é absolutamente necessária para a continuidade dos estudos e para a inserção do indivíduo no mundo do trabalho, cada vez mais exigente e competitivo. A formação não inclui apenas os conteúdos tradicionais das diversas áreas do saber científico, mas também o desenvolvimento de estratégias cognitivas que permitam enfrentar problemas e tomar decisões em situações cotidianas.

A velocidade com que a moderna arquitetura social se modifica e altera a nossa vida exige que a educação básica — educação infantil, ensino fundamental e ensino médio — desenvolva competências com as quais os cidadãos busquem e assimilem novas informações, interpretem códigos e linguagens e empreguem os conhecimentos adquiridos, tomando decisões autônomas e socialmente relevantes.

A atual Lei de Diretrizes e Bases da Educação Nacional (LDB/1996) já propunha profundas transformações no ensino médio, para que, ao concluí-lo, o aluno fosse capaz de:

I. dominar os princípios científicos e tecnológicos que regem o atual mundo do trabalho e da produção;

II. reconhecer e decodificar as diversas formas contemporâneas de linguagem;

III. dominar conhecimentos de filosofia e de sociologia necessários ao exercício da cidadania.

Foi diante dessa perspectiva que o MEC implementou o Enem para todos os alunos concluintes do ensino médio. É importante, todavia, perceber que algumas diretrizes dessa avaliação sofreram alterações durante os últimos anos. Nos documentos que nortearam a primeira versão do Enem (1998), o objetivo fundamental era "avaliar o desempenho do aluno ao término da escolaridade básica, para aferir o desenvolvimento de competências fundamentais ao exercício pleno da cidadania". Pretendia, também, alcançar outros objetivos:

- oferecer uma referência para que cada estudante pudesse proceder à sua autoavaliação, visando às escolhas futuras, tanto em relação ao mercado de trabalho quanto à continuidade dos estudos;

- estruturar uma avaliação da educação básica que servisse como modalidade alternativa ou complementar aos processos de seleção nos diferentes setores do mundo do trabalho;

- estruturar uma avaliação da educação básica que servisse como modalidade alternativa ou complementar aos exames de acesso aos cursos profissionalizantes pós-médios e ao ensino superior.

Já nos documentos do Enem 2006 lia-se que o Exame Nacional do Ensino Médio serviria, basicamente, para quatro objetivos:

- avaliar competências e habilidades desenvolvidas ao longo da educação básica;
- possibilitar que o aluno fizesse uso dos resultados alcançados no Enem em processos de seleção para o mercado de trabalho, nas instituições que utilizassem tal critério;
- permitir que o aluno usasse o Enem como alternativa ou como reforço ao vestibular, nas instituições que oferecessem essa possibilidade;
- proporcionar ao aluno a possibilidade de concorrer a uma bolsa pelo ProUni e outros programas governamentais de auxílio financeiro.

Em 2009, mais uma vez os objetivos do Enem foram alterados. A partir de então, espera-se que essa avaliação:

- sirva de referência para que cada cidadão possa proceder à sua autoavaliação com vistas em suas escolhas futuras, tanto em relação ao mundo do trabalho quanto em relação à continuidade dos estudos;
- sirva como modalidade alternativa ou complementar aos processos de seleção nos diferentes setores do mundo do trabalho;
- sirva como modalidade alternativa ou complementar aos exames de acesso aos cursos profissionalizantes, pós-médios e à educação superior;
- possibilite a participação e crie condições de acesso a programas governamentais;
- promova a certificação de jovens e adultos no nível de conclusão do ensino médio;
- promova avaliação do desempenho acadêmico das escolas de ensino médio, de forma que cada unidade escolar receba o resultado global;
- promova a avaliação do desempenho acadêmico dos estudantes ingressantes nas instituições de educação superior.

Os objetivos do Enem se tornaram muito mais abrangentes e ambiciosos. Natural, portanto, que o modelo de avaliação também sofresse profundas alterações.

ProUni e Enem

O **ProUni — Programa Universidade para Todos** — foi criado pelo Ministério da Educação, em 2004, e oferece bolsa de estudo integral ou parcial em instituições privadas de educação superior a estudantes de baixa renda e que ainda não possuam diploma de nível superior. As bolsas do ProUni são destinadas a estudantes que cursaram todo o ensino médio em escola pública e aos que cursaram escola particular com bolsa integral. Em ambos os casos, os alunos devem ser provenientes de famílias de baixa renda.

O resultado do Enem é o critério utilizado para a distribuição das bolsas, concedidas conforme as notas. Os estudantes com as melhores notas no Enem terão maiores chances de escolher o curso e a instituição em que desejam estudar.

Caso o estudante obtenha acesso a uma bolsa de 50% do valor da anuidade e não possa pagar os restantes 50%, o MEC pode financiar o valor restante por meio do **Financiamento Estudantil (Fies)**. Informações atualizadas a respeito do ProUni podem ser obtidas pela internet, no endereço eletrônico http://portal.mec.gov.br/prouni. Nessa página, além de outros dados, encontra-se a relação de todas as instituições de ensino participantes do programa.

A página da Caixa Econômica Federal na internet (www.caixa.gov.br) traz mais detalhes a respeito do programa de Financiamento Estudantil.

Atenção!

Há bolsas de estudo do ProUni reservadas para cidadãos portadores de deficiência e para os que se autodeclaram negros, pardos ou índios. Entretanto, o candidato a essas bolsas deve também se enquadrar nos demais critérios de seleção do programa, como renda familiar e desempenho no Enem.

O Enem e as universidades

A partir de 1998, quando foi criado, o Enem passou a ser usado por diversas instituições de ensino superior do país como forma de acesso aos cursos.

Em 2008, já eram mais de 500 as instituições que consideravam a pontuação obtida pelos candidatos no Enem — isoladamente ou acoplada a outras formas de avaliação — como critério de acesso. Algumas instituições reservam vagas aos participantes que obtêm média igual ou superior a determinado escore; outras acrescentam pontos à nota obtida pelos candidatos na primeira ou na segunda fase de seus vestibulares tradicionais; algumas, por sua vez, aboliram seus próprios vestibulares, usando como critério de seleção, única e exclusivamente, a nota média obtida pelos concorrentes na prova do Enem.

São pelo menos quatro as formas previstas de utilização do Enem pelas universidades. As instituições podem optar por empregar a pontuação obtida no Enem:

- como critério único de seleção, em substituição do vestibular tradicional;
- como primeira fase do processo seletivo, mantendo a segunda fase elaborada pela instituição;
- com a concessão de um acréscimo à pontuação do candidato no processo seletivo elaborado pela instituição, dependendo da pontuação obtida no Enem;
- como critério de preenchimento de vagas remanescentes.

O Inep vem apontando, como vantagem do Enem e de seu uso pelas instituições de ensino superior, a promoção da mobilidade dos alunos pelo país. Dito de outra forma, um candidato de determinada região do Brasil poderá ser aprovado e passar a frequentar uma universidade federal de outra região. Espera-se, dessa forma, democratizar o acesso às universidades federais.

Até a edição de 2008, a prova do Enem trazia uma proposta de redação e, na parte objetiva, 63 itens (ou questões) interdisciplinares, sem articulação direta com os conteúdos apresentados no ensino médio. Outra característica do antigo Enem era a impossibilidade de comparação de resultados, ou seja, estatisticamente era impossível dizer se um candidato com determinada pontuação em uma prova teve um desempenho superior ou inferior a outro com a mesma pontuação em outra edição do exame.

Com a reformulação do Enem, em 2009, o exame passa a ser comparável no tempo. Em outras palavras, a pontuação obtida por um candidato na versão de 2009 pode ser cotejada com a pontuação obtida na prova de 2010, por exemplo, e assim por diante.

Além disso, a prova aborda mais explicitamente os componentes curriculares apresentados no ensino médio. Cada prova será relativa a uma área do conhecimento:

I. linguagens, códigos e suas tecnologias (incluindo a prova de redação);
II. matemática e suas tecnologias;
III. ciências da natureza e suas tecnologias;
IV. ciências humanas e suas tecnologias.

Interdisciplinaridade e contextualização

Embora as questões estejam agrupadas em quatro grandes áreas do conhecimento (linguagens e códigos, matemática, ciências da natureza e ciências humanas), não são separadas por disciplina. Isso significa que, ao se ler o enunciado da questão, pode ser difícil afirmar se ela está associada apenas à biologia ou à química. Essa estratégia evidencia que o conhecimento humano é historicamente adquirido e não se subdivide em "gavetas" e que deve ser concebido como uma ampla rede, mutável e heterogênea. Na realidade, as disciplinas escolares são "estratégias didáticas" que facilitam a caminhada pela intrincada rede do conhecimento.

Outra característica das questões do Enem é a **contextualização**, cujo objetivo é estabelecer relações entre o conhecimento e o mundo que nos cerca, envolvendo aspectos sociais, políticos, culturais e tecnocientíficos, sempre ligados ao cotidiano.

No enunciado, as questões do Enem trazem uma **situação-problema**, desafiadora e claramente relacionada ao contexto. Para sua resolução, o aluno deverá apoiar-se nas informações trazidas no próprio enunciado e em conhecimentos prévios. Por isso é tão importante a leitura atenta dos enunciados de todas as questões.

Ao realizar as provas do Enem o candidato terá cinco notas diferentes, uma para cada área do conhecimento e uma para a redação. Não haverá peso diferente para cada uma dessas notas. Entretanto, ao utilizarem as notas em seus processos seletivos, as instituições de ensino superior poderão conferir a elas pesos diferenciados, a fim de classificarem os candidatos entre as carreiras pleiteadas.

O Enem é elaborado de acordo com uma metodologia baseada na **Teoria da Resposta ao Item** (TRI), que permite que as notas de diferentes edições da prova sejam comparadas. As questões das provas do Enem têm diferentes graus de dificuldade e de complexidade. Então, para efeito de cálculo da nota final de cada área, questões mais difíceis devem ter maior valor ponderal que questões mais simples.

Diferentemente do que acontece em alguns vestibulares, as provas do Enem não incluem questões regionais. Assim, as questões de geografia, história e biologia, por exemplo, têm caráter nacional e não tratam de assuntos estritamente regionais. Com isso, pretende-se garantir a isenção do processo de avaliação, dando aos candidatos oriundos de qualquer lugar do país igualdade de condições na disputa por vagas nas universidades participantes do processo.

As provas do Enem sempre foram organizadas por habilidades, explorando a capacidade de leitura e interpretação e a abordagem interdisciplinar. Desde 2009, as provas correlacionam mais diretamente as habilidades ao conjunto dos conteúdos habitualmente estudados no ensino médio. Preserva-se, dessa maneira, o predomínio absoluto de questões que buscam explorar não o simples resgate da informação, mas a aplicação prática do conhecimento.

As provas do Enem deverão manter o **caráter operatório**, não baseado na memorização e na "decoreba".

> O Enem tem questões de língua estrangeira moderna, com opção entre inglês e espanhol.

Dicas para você, que vai prestar o Enem

1 Leia e analise textos predominantemente descritivos, como manuais de instrução de jogos ou de aparelhos eletrodomésticos, e tente executar uma tarefa proposta seguindo as orientações do texto. Em um texto informativo, selecione e destaque as informações principais e secundárias.

2 Leia gráficos (de barras, de setor ou linhas), diagramas, tabelas e infográficos que aparecem diariamente em jornais e revistas. Identifique as informações, reorganize-as em itens, reescreva-as em um texto discursivo, relacionando informações verbais com informações procedentes de outras fontes de referência (ilustrações, fotos, gráficos, tabelas, infográficos etc.). Nos gráficos, identifique variáveis, descubra o comportamento da variável em um dado trecho e os trechos em que ela é constante, crescente ou decrescente; analise a taxa de variação. Leia o texto que acompanha os gráficos e diagramas, verificando se as suas interpretações correspondem aos comentários do texto.

3 Leia questões de provas anteriores do Enem e assinale as palavras-chave. Destaque o problema indicado; interprete e relacione as informações disponíveis nas questões. Estude as possibilidades de resolução por meio das linguagens e métodos das áreas curriculares, integre-as ao seu conhecimento e estabeleça um processo de resolução.

4 Leia textos literários de diversas naturezas, atentando para a biografia do autor e o contexto sócio-histórico das produções, identificando as principais características dos movimentos literários dos quais fazem parte. Procure distinguir os diversos tipos de linguagem, se possível, relacionando-os a determinada produção cultural da língua portuguesa. Escreva textos baseados na linguagem coloquial, até com o registro de gírias e vícios da linguagem oral. Reescreva-os, transformando-os em textos formais.

5 Em *sites* de busca na internet, procure palavras e expressões, como fontes alternativas de energia, transformações de energia, hidreletricidade, energia nuclear etc. Analise e interprete diferentes tipos de textos e comunicações referentes ao conhecimento científico e tecnológico da área.

6 Interprete informações de caráter biológico, químico e físico em notícias e artigos de jornais, revistas e televisão, a respeito de resíduos sólidos e reciclagem, aquecimento global e efeito estufa, chuva ácida, camada de ozônio, concentração de poluentes, defensivos agrícolas, aditivos em alimentos, cloro e flúor na água. Assista a documentários que abordem a temática da água e leia documentos e livros sobre seca, poluição das águas, tratamento de esgotos, degelo das geleiras, recursos naturais não renováveis etc.

7 Em revistas e jornais, procure diferentes enfoques de autores que discorram sobre perturbações ou impactos ambientais e as implicações socioeconômicas dos processos de uso dos recursos naturais, materiais ou energéticos e tente elaborar argumentos concordantes e discordantes referentes às diversas opiniões.

8 Em *sites* da internet, procure escalas do tempo geológico, que se divide em eras, que se dividem em períodos, que se dividem em épocas. Com base nessas informações, tente compreender a estrutura da Terra, a origem e a evolução da vida e as modificações no espaço geográfico. Procure uma tabela que traga o tempo histórico (da Pré-História à Idade Contemporânea) e compare as duas diferentes escalas para compreender os tempos do Universo, do planeta e da humanidade.

9 Leia textos sobre a diversidade da vida; identifique padrões constitutivos dos seres vivos dos pontos de vista biológico, físico ou químico.

10 Pesquise e escreva sobre situações que contribuem para a melhoria da qualidade de vida em sua cidade, na defesa da qualidade de infraestruturas coletivas ou na defesa dos direitos do consumidor. Elabore um texto descrevendo as intervenções humanas no meio ambiente, fazendo relação de causa e efeito e propondo medidas que poderiam contribuir para minimizar problemas.

11 Assista a documentários que abordem situações concretas evidenciando a relação entre biologia e ética, na definição de melhores condições de vida. Sugerem-se temas como biodiversidade, biopirataria, transgênicos, bioengenharia, transplantes e doação presumida, conflitos entre necessidades humanas e interesses econômicos etc.

12 Observe os objetos a sua volta quanto à forma e ao tamanho; perceba as formas geométricas planas ou espaciais no mundo real. Identifique-os e caracterize-os de acordo com suas propriedades. Estabeleça relações entre os elementos observados; faça comparações entre objetos com o mesmo formato, avaliando quantas vezes um é maior que o outro.

13 Pesquise situações-problema ambientais ou de natureza social, econômica, política ou científica apresentadas em textos, notícias, propagandas, censos, pesquisas etc. Proponha soluções que envolvam o uso e a aplicação de conhecimentos e métodos probabilísticos e estatísticos, realizando previsão de tendência, interpolação e interpretação.

14 Elabore uma tabela com os principais poluentes ambientais e como atuam; proponha formas de intervenção para reduzir e controlar os efeitos da poluição ambiental, buscando refletir sobre a possibilidade de redistribuição espacial das fontes poluidoras. Consulte jornais, revistas e *sites* que enfoquem assuntos sobre fontes energéticas e, por meio de comparações, avalie as que proporcionam menores impactos negativos ao ambiente e mais benefícios à sociedade.

15 Como treino da capacidade de argumentação, escreva uma carta solicitando ressarcimento de eventuais gastos no conserto de eletrodomésticos que se danificaram em consequência da interrupção do fornecimento de energia elétrica, argumentando com clareza e apresentando justificativas consistentes.

16 Assista a filmes que retratem o teor político, religioso e ético de manifestações da atualidade; compare as problemáticas atuais e as de outros momentos com base na interpretação de suas relações entre o passado e o presente.

17 Analise textos e compare os diferentes contextos históricos que contribuíram para o desenvolvimento da tolerância e do respeito pelas identidades e pela diversidade cultural. Observe as diversas formas de preconceito e de racismo no cotidiano.

18 Escolha determinado tema que apresente uma realidade sócio-histórica e leia dois ou três comentaristas com opiniões divergentes sobre a questão. Identifique os pressupostos de cada um, observe e elabore uma lista dos diferentes pontos de vista.

19 Conheça a realidade social e econômica de certo país e elabore uma tabela correlacionando os aspectos socioeconômicos com traços distintivos daquele fenômeno histórico-social.

20 Escolha um acontecimento histórico e escreva sobre ele, destacando a relação entre o tempo histórico, o espaço geográfico e os fatores sociais, políticos, econômicos e culturais constitutivos desse acontecimento. Posteriormente leia sobre o assunto escolhido, identifique os aspectos que foram observados e reescreva o texto, completando-o com as informações obtidas pela leitura.

Para ler o mundo

Uma característica marcante do Enem é cobrar dos candidatos a capacidade de ler o enunciado dos itens (ou questões). Parece óbvio, mas a maioria das questões traz, no próprio enunciado, as informações necessárias e suficientes para a tomada de decisão. Mesmo com as informações introduzidas em 2009, ainda que sejam exigidos os conteúdos comumente trabalhados no ensino médio, a leitura atenta dos enunciados continua sendo a "chave" para o bom desempenho.

Para ler o texto

Se fosse necessário resumir a prova do Enem em uma competência, certamente seria a **competência leitora**, ou seja, a capacidade de ler e compreender o que se leu. E não se trata apenas da leitura de textos formais, mas também da leitura das múltiplas linguagens com as quais o conhecimento e a cultura se transmitem, entre elas o texto, os infográficos e os diagramas, os mapas, a publicidade, as tirinhas e as charges.

Diagramas e infográficos

As informações podem ser apresentadas em infográficos e diagramas, com ares de "notícia", em jornais, noticiários de TV e revistas de circulação nacional.

Veja alguns exemplos.

1 Leia com atenção o infográfico a seguir.

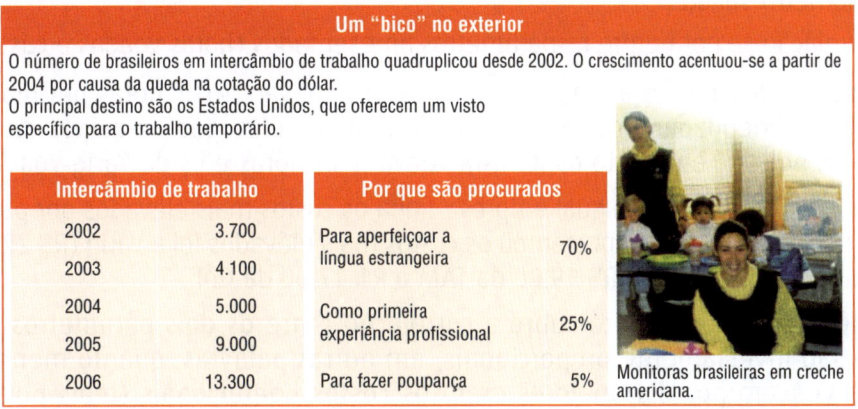

a) Para onde vai a maioria dos brasileiros que procuram intercâmbio de trabalho fora do país?

b) Dos brasileiros que foram para o exterior em 2005, quantos, aproximadamente, devem ter viajado para aperfeiçoar a língua estrangeira?

c) No período considerado, entre quais anos ocorreu o maior aumento percentual no número de brasileiros que deixaram o país?

Repare que as respostas estão na própria questão. Entretanto, o aluno precisa saber ler e interpretar o que está escrito; precisa ser capaz de separar as informações importantes das informações supérfluas; precisa diferenciar o que é relevante do que é desnecessário.

No exemplo apresentado, a resposta do item *a* está lá no enunciado: é para os Estados Unidos que vai a maioria dos brasileiros que se dirigem ao intercâmbio no exterior.

O item *b* pergunta quantos brasileiros, em 2005, foram ao exterior para aperfeiçoamento em língua estrangeira. Segundo o texto, foram 9.000 os brasileiros que deixaram o país no ano de 2005, em intercâmbio de trabalho. Como mostra a tabela, 70% destes o fizeram em busca de aperfeiçoamento em uma língua estrangeira, portanto 70% de 9.000 pessoas, ou seja, 6.300 pessoas.

Já o item *c* pergunta quando ocorreu o maior aumento percentual do número de brasileiros que procuraram intercâmbio no exterior no período considerado. De 2002 para 2003, o número saltou de 3.700

para 4.100 (aumento de 10%, aproximadamente); de 2003 para 2004, o aumento foi de 4.100 para 5.000 (cerca de 12%); de 2004 para 2005, de 5.000 para 9.000 (acréscimo de 80%); de 2005 para 2006, de 9.000 para 13.300 (47,7%). Portanto, o período de maior aumento percentual ocorreu de 2004 para 2005.

É preciso estar atento a um aspecto relevante da questão: o **maior aumento absoluto** ocorreu de 2005 para 2006 (4.300 emigrantes a mais que no ano anterior). Todavia, a questão pedia o **maior aumento percentual** (uma forma de avaliar o **aumento relativo**), que ocorreu de 2004 para 2005 (80%).

2 Observe o infográfico e responda.

Pesada demais para voar

A quebra da Varig possivelmente deveu-se à administração desastrada. Pelo mesmo motivo, saíram do ar Cruzeiro, Transbrasil e Vasp. Abaixo, uma mostra do descalabro operacional da Varig. A companhia voava menos e tinha custos mais altos por passageiro do que as suas concorrentes.

Quantas horas os aviões voavam por dia		Quanto custava um passageiro em cada companhia (reais por quilômetro)	
Gol	14	Gol	17
TAM	11	TAM	19
Varig	10	Varig	22

a) Das empresas aéreas listadas (Gol, TAM e Varig), qual é aquela cujos aviões voavam mais horas por dia?

b) Das empresas aéreas listadas (Gol, TAM e Varig), qual apresentava maiores custos por passageiro, por quilômetro voado?

c) Que correlação se nota entre os parâmetros apresentados (horas voadas e custo por passageiro)?

O item *a* quer saber qual é a empresa cujos aviões voavam mais horas por dia. Basta ler atentamente e "decifrar" adequadamente as informações das tabelas. São os aviões da empresa Gol, que voavam 14 horas por dia, enquanto os da TAM voavam 11 horas e os da Varig voavam 10 horas.

Por sua vez, o item *b* pergunta qual empresa tinha os custos mais elevados por passageiro e por quilômetro percorrido. E delas, a que apresentou os custos mais elevados foi a Varig (R$ 22,00 por passageiro, por quilômetro percorrido), contra R$ 19,00 da TAM e R$ 17,00 da Gol.

Finalmente, o item *c* pergunta sobre a correlação entre os dois parâmetros anteriores. O que se nota é que são inversamente proporcionais; em outras palavras, quanto menos horas os aviões da companhia voavam por dia, maiores eram os custos operacionais (reais por passageiro e por quilômetro percorrido).

3 Analise os dados apresentados no infográfico a seguir.

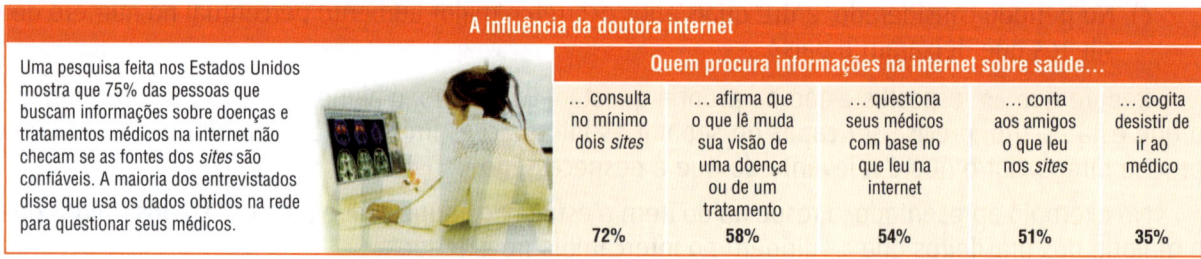

A influência da doutora internet					
Uma pesquisa feita nos Estados Unidos mostra que 75% das pessoas que buscam informações sobre doenças e tratamentos médicos na internet não checam se as fontes dos *sites* são confiáveis. A maioria dos entrevistados disse que usa os dados obtidos na rede para questionar seus médicos.	Quem procura informações na internet sobre saúde...				
	... consulta no mínimo dois *sites*	... afirma que o que lê muda sua visão de uma doença ou de um tratamento	... questiona seus médicos com base no que leu na internet	... conta aos amigos o que leu nos *sites*	... cogita desistir de ir ao médico
	72%	58%	54%	51%	35%

Qual é, aproximadamente, a porcentagem de pessoas que, depois de consultarem no mínimo dois *sites*, cogitam desistir de ir ao médico?

a) 25%

b) 35%

c) 54%

d) 58%

e) 72%

Repare que o quadro traz duas informações independentes:

- Das pessoas que procuram informações sobre saúde na internet, 72% consultam no mínimo dois *sites*.
- Das pessoas que procuram informações sobre saúde na internet, 35% cogitam desistir de ir ao médico.

Portanto, podemos consideremos que, dos 35% de pessoas que cogitam desistir de ir ao médico, 72% delas consultaram ao menos dois *sites*. Sem dificuldades, concluímos que 35% de 72% (ou seja, 0,35 · 0,72) são aproximadamente 25%.

Assinalamos, então, a alternativa *a*.

A matemática nas páginas dos jornais

Basta abrir um jornal de grande circulação para deparar-se com a linguagem matemática expressa em diferentes formas: gráficos, tabelas, equações, índices e fórmulas. Todos os dias, somos "bombardeados" com IPCA, IGP-M, TJLP, taxa Selic e outros indicadores econômicos. Uma das mais usadas dessas linguagens é a dos **gráficos**.

É comum encontrar informações sobre determinados assuntos registradas em gráficos e diagramas. No diagrama a seguir, observamos que a maioria das crianças entrevistadas (58%) prefere o *rock'n roll* como gênero musical.

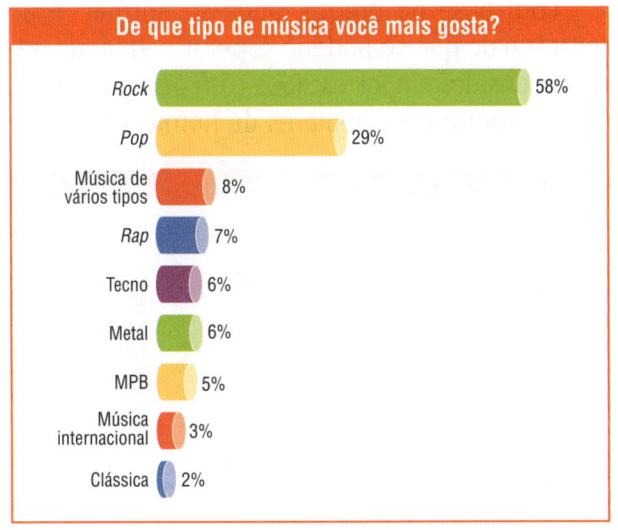

Fonte: *Folha de S.Paulo*, 20 mar. 2004. p. F3.

Confira, agora, alguns números de um campeonato de futebol. Os gráficos seguintes informam a média (por partida) de faltas e de dribles.

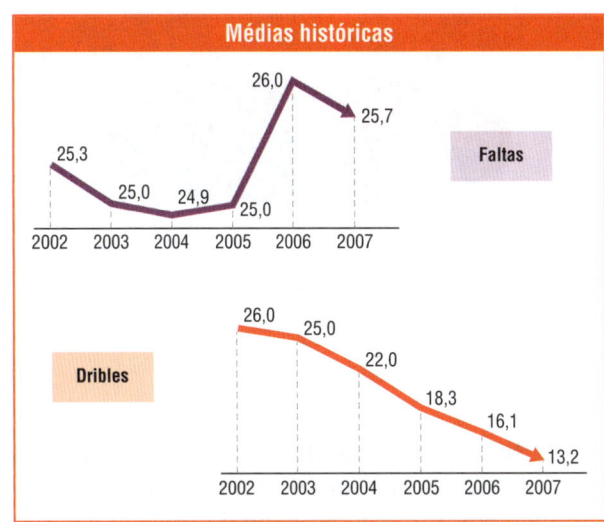

Fonte: Adaptado de *Folha de S.Paulo*.

Dos campeonatos analisados, o de 2006 foi o mais violento, apresentando uma média de 26 faltas por partida (aproximadamente uma falta a cada 3,5 minutos de jogo). Outra curiosidade é a queda acentuada do número de dribles — o campeonato de 2007 teve quase a metade do número de dribles do campeonato de 2002.

Para entender os gráficos é preciso ler e interpretar as informações neles contidas. Observe esse estudo a partir de exemplos apresentados em várias disciplinas, como geografia, física e biologia.

I. Na biologia, assim como em outras disciplinas, é comum aparecerem gráficos de setor (ou de *pizza*). Esse tipo de gráfico é feito considerando-se uma circunferência (uma volta completa, ou 360°) como 100% dos dados a serem analisados.

Os gráficos de setor a seguir mostram a distribuição e a origem dos principais poluentes atmosféricos.

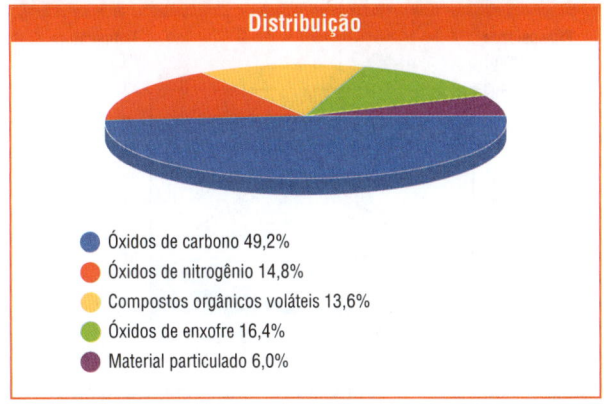

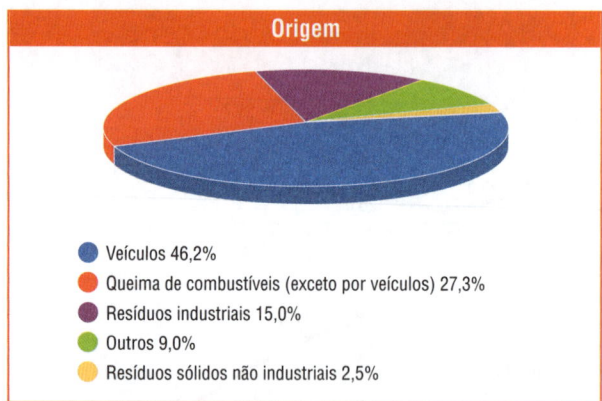

II. Nos gráficos seguintes, foram dispostas duas informações importantes para a geografia: índice pluviométrico (quantidade de chuvas) e variação de temperatura, em duas regiões distintas. O índice pluviométrico é representado por barras verticais, e seus valores estão listados em uma escala à esquerda; a variação de temperatura é indicada por uma linha sinuosa contínua, e seus valores estão à direita. Observa-se que a temperatura durante o ano em Brasília apresenta ligeira queda no inverno, o qual é bastante seco, com índices pluviométricos muito baixos. O verão é chuvoso. Em Palermo (Itália), a temperatura sofre maiores variações, elevando-se consideravelmente no verão (de julho a setembro), período com menos chuvas.

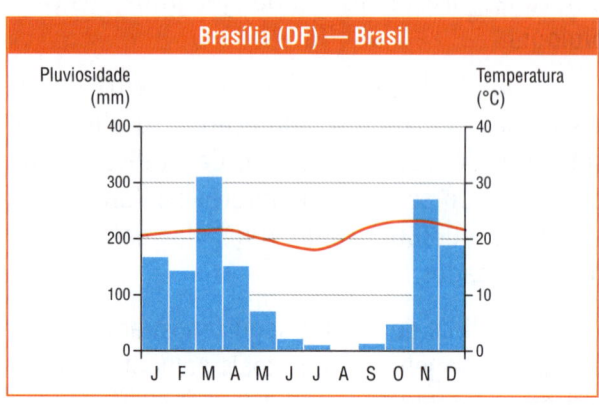

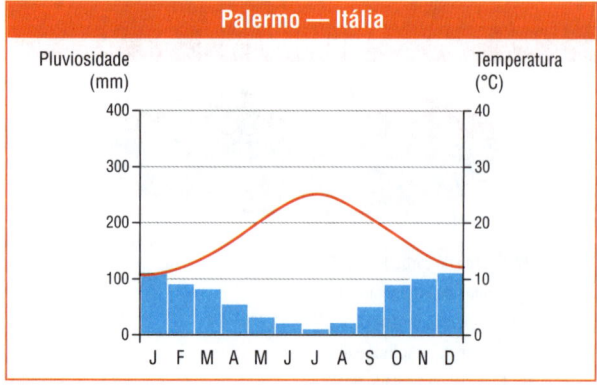

Fonte: Leda Ísola e Vera Caldini. *Atlas geográfico Saraiva*.

III. A leitura do próximo gráfico é simples: ao longo de três décadas, observa-se que houve um aumento na oferta de energia proveniente das usinas hidrelétricas (linha roxa); as ofertas de energia provenientes do gás natural e da cana-de-açúcar mantiveram-se estáveis, e a do petróleo (linha verde) foi a que mais oscilou. No estudo da história e da geografia, poderemos inferir as causas dessa variação.

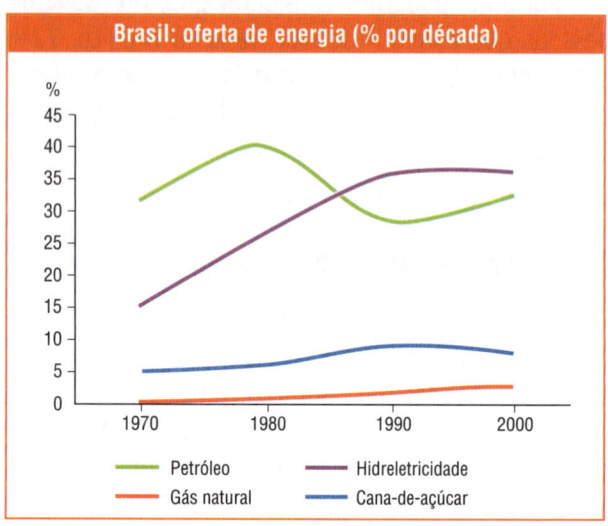

Fonte: Ministério de Minas e Energia. *Sinopse Estatística*, 2000.

IV. O gráfico abaixo foi apresentado em uma prova do Enem. Ele compara o número de homicídios por grupo de 100.000 habitantes entre 1995 e 1998 nos EUA, em estados com e sem pena de morte.

Com base no gráfico, pode-se afirmar — ao contrário do que se poderia esperar — que, no período considerado, os estados com pena de morte apresentaram taxas maiores de homicídios.

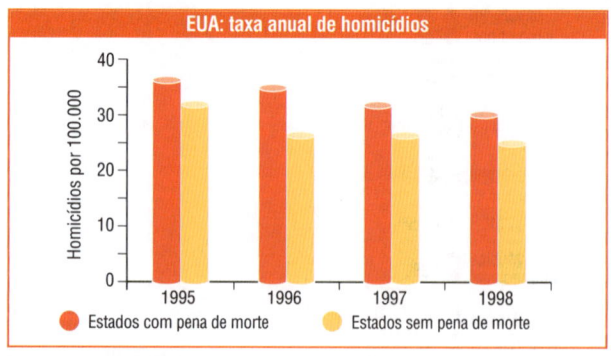

Muitas vezes, por motivos diversos, os gráficos são apresentados de forma que induzam a uma leitura equivocada ou distorcida a respeito do fato a ser analisado. Veja este curioso exemplo:

Em um mesmo dia, dois jornais importantes tratavam do mesmo assunto, porém com resultados distintos. O jornal *Folha de S.Paulo* trazia esta manchete: "Estrangeiro vende ações, e Bolsa despenca 3,6%", em notícia ilustrada com o seguinte gráfico:

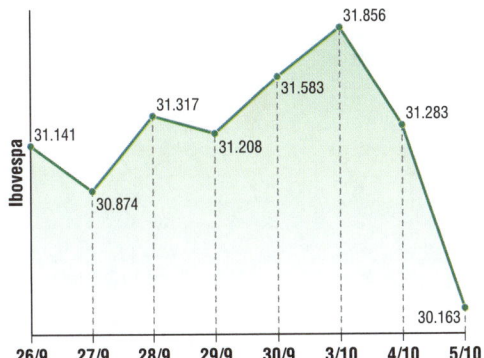

O diário recifense *Jornal do Commercio* estampava: "Crise política esfria e segue sem afetar a economia", e a notícia também era acompanhada por um gráfico. Veja a seguir.

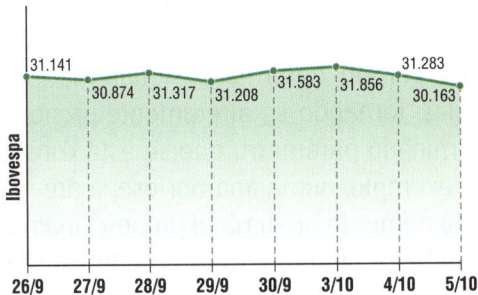

Compare as manchetes: uma transmite incerteza; a outra, aparente tranquilidade. Agora, observe os gráficos: o primeiro dá ideia de "catástrofe iminente", com redução acentuada do indicador econômico considerado (no caso, o Ibovespa, índice da Bolsa de Valores de São Paulo); já o segundo sinaliza estabilidade.

Em primeiro lugar, importa perceber que cada jornal tratou de apoiar sua impressão sobre o cenário econômico em um gráfico que expressasse convenientemente essa impressão.

Os dois usaram **os mesmos dados**; porém, ao construírem os gráficos, usaram **escalas diferentes**. Repare que os números de ambos os gráficos são exatamente os mesmos. Todavia, com o emprego de escalas diferentes, criaram imagens visualmente fortes, capazes de reforçar seus pontos de vista.

Os dois jornais estavam matematicamente corretos e usaram a linguagem matemática para reforçar seu ponto de vista: um, mais alarmante; o outro, mais tranquilizador.

Ler os mapas para ler o mundo

Assim como os gráficos, os mapas também não são livres de influências econômicas, geopolíticas, religiosas etc. Isso pode ser observado pela escolha da **projeção cartográfica**.

A **projeção de Mercator**, por exemplo, distorce a proporção do tamanho dos continentes, mas mantém correta a forma (contorno). Quanto ao aspecto ideológico, a projeção de Mercator reforça uma visão eurocêntrica — a Europa como o centro do mundo.

Repare o tamanho proporcional da Europa e da América do Norte em relação à América do Sul e à África. Na projeção de Mercator, à medida que se afastam da linha do Equador, as massas continentais em médias e altas latitudes apresentam tamanho distorcido, desproporcionalmente maior.

Fonte: *Atlas 2000: la France et le monde*. Paris: Nathan, 1998.

Já a **projeção de Peters** não altera as áreas relativas, mantendo verdadeiras as proporções entre a área de uma região no mapa e a área correspondente na superfície da Terra.

A projeção de Peters distorce a forma dos continentes, alongando-os no sentido norte-sul, mas mantém corretas as proporções entre suas áreas. Não por acaso, essa projeção é chamada de "mapa para um mundo solidário", pois é vista como uma representação que valoriza os países subdesenvolvidos e tenta eliminar a visão de superioridade dos países do hemisfério norte sobre os países do hemisfério sul.

PROJEÇÃO DE PETERS

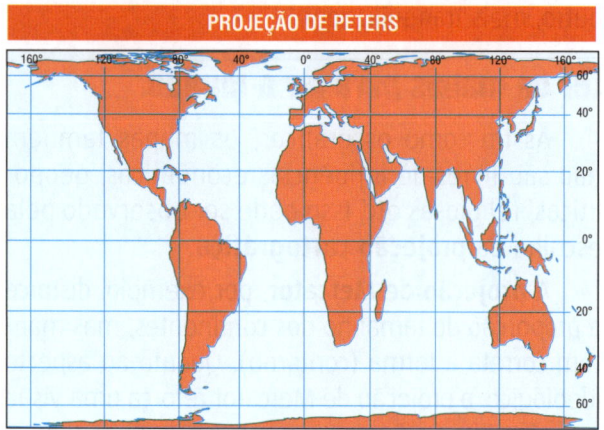

Fonte: *Atlas 2000: la France et le monde*. Paris: Nathan, 1998.

Na **projeção azimutal**, a superfície terrestre é projetada sobre um plano a partir de determinada região. O ponto escolhido é projetado sempre no centro do mapa e, consequentemente, os meridianos são vistos como linhas divergentes, partindo do centro do mapa, enquanto os paralelos são apresentados como círculos concêntricos (com o centro no ponto de onde parte a projeção). Essa projeção tem forte caráter ideológico e transmite uma ideia: determinado ponto é "o centro do planeta". Evidentemente, a escolha do ponto do qual parte essa projeção tem efeito marcante no aspecto final do mapa. Compare os exemplos a seguir:

PROJEÇÃO AZIMUTAL CENTRADA NO POLO NORTE

PROJEÇÃO AZIMUTAL CENTRADA NO BRASIL

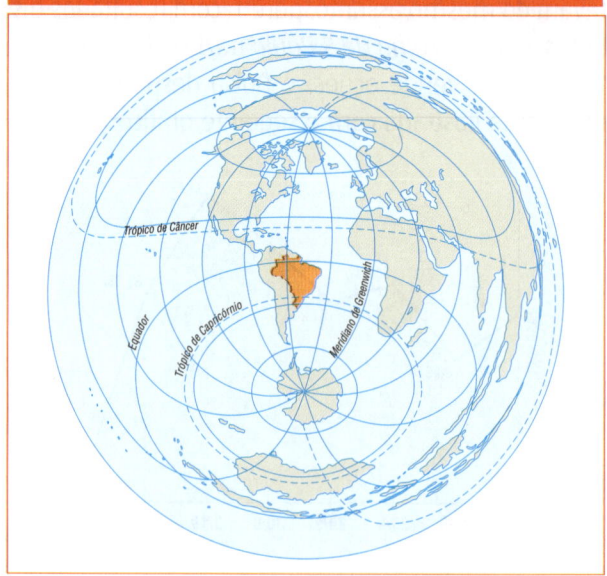

Fonte: *Atlas 2000: la France et le monde*. Paris: Nathan, 1998.

Um tipo de mapa que merece destaque é a **anamorfose** (ou cartograma). Trata-se de uma representação cartográfica em que as áreas de logradouros (municípios, estados, países ou continentes) sofrem deformações matematicamente calculadas, tornando-se diretamente proporcionais a determinado parâmetro que se está considerando. Por exemplo, numa anamorfose, a área de certa região aumenta ou diminui proporcionalmente à sua população, ao produto interno bruto (PIB), ao consumo de petróleo etc. Veja alguns exemplos.

No mapa 1, a área dos países corresponde exatamente à superfície real de cada um.

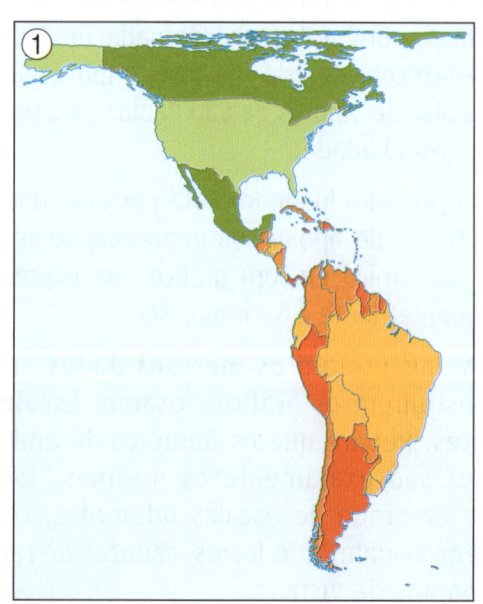

No mapa 2, a área dos países corresponde à taxa de acesso à internet em 2008.

Repare no efeito obtido. Os Estados Unidos "engordam" bastante, ao passo que o Brasil "emagrece". Isso significa que o Brasil possui, proporcionalmente, menos usuários da internet que os Estados Unidos.

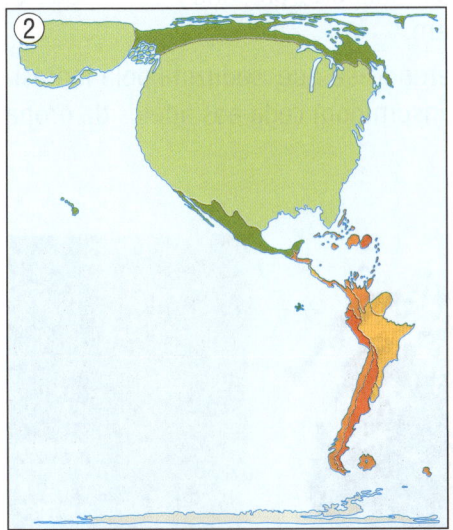

Na anamorfose 3, o parâmetro considerado é a ocorrência de mortes violentas por 100 mil habitantes.

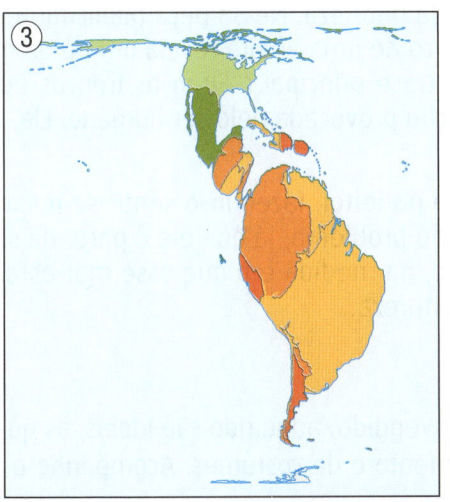

A Colômbia fica "enorme", assim como alguns países da América Central. O México adquire quase o mesmo "tamanho" que os Estados Unidos, indicando maior taxa proporcional de mortes violentas. O Canadá, por sua vez, quase "desaparece".

A linguagem publicitária

Peça essencial em uma sociedade de consumo, a publicidade não pode estar ausente nas disciplinas de linguagens, códigos e suas tecnologias. Fazendo uso da função apelativa (ou conativa) por excelência, a linguagem publicitária mantém constante diálogo com seu interlocutor, que podemos chamar de leitor/consumidor.

Nas propagandas, os textos verbais e não verbais estão juntos, formando uma poderosa arma de sedução. Sob suas imagens e palavras, escondem-se informações importantes, que só é possível "enxergar" com a experiência da leitura e os conhecimentos adquiridos.

O objetivo das peças publicitárias é vender: um perfume, uma joia, um carro, uma ideia. E, para isso, são usados recursos de toda sorte, dos mais simples aos mais sofisticados, sempre em função do público-alvo. Valem os sentidos denotativo e conotativo, a ambiguidade, as figuras e os vícios de linguagem, as variações linguísticas, a ironia, o humor, a emoção. Tudo para que surta o efeito desejado.

Dessa forma, os textos publicitários tornam-se, ao mesmo tempo, objetos e ferramentas de estudo, que mobilizam, na sua compreensão, conhecimentos acadêmicos e de mundo.

Na esteira de fantasias e desejos

Fantasias, sonhos e desejos são munições nas mãos da propaganda. E ela os usa com maestria. Observe a peça publicitária a seguir.

Ela fez parte de uma série de peças que usam alguns contos de fadas como mote. Eis aí a intertextualidade, o diálogo com outro(s) texto(s). Nesse caso, o conto é "Chapeuzinho Vermelho", identificado não só pela roupa da modelo como também pela expressão "lobo mau".

A propaganda procura persuadir sua leitora/consumidora, já que é dirigida à mulher, a usar os produtos da marca em questão. Assim, ela terá poder sobre o homem, considerado aí como "lobo mau".

Além da intertextualidade, observam-se também os contrastes: enquanto a mulher é considerada princesa (remissão aos contos de fadas), o homem é o vilão; ao mesmo tempo que a mulher é caracterizada com delicadeza (e beleza), ela é, por isso mesmo (e por usar os produtos anunciados), forte, dominadora, passando a ter poderes sobre o homem.

Pretende-se que, seduzida pela fantasia, a leitora/consumidora ceda aos apelos da propaganda.

Persuadir para mobilizar

O objetivo, explícito, dessa propaganda é a preservação da natureza. Nessa peça publicitária, os elementos visuais são recursos importantes na persuasão: o tronco de uma árvore revela um nó da madeira que assume a forma de um olho, imagem que corrobora a frase principal ("Eu vi os troncos que você serrou."). Assim, a própria natureza é testemunha da destruição provocada pelo ser humano. Ela, porém, nada pode fazer.

Os textos verbal e não verbal provocam um desconforto no leitor, fazendo-o sentir-se responsável tanto pela destruição como pela solução que deve ser dada ao problema, já que ele é parte da sociedade e parte interessada. O objetivo da propaganda é atingido, na medida em que esse mal-estar possa provocar uma reação positiva do leitor na preservação da natureza.

Para mudar comportamentos

Existem também as peças publicitárias cujo produto a ser vendido/adquirido são ideias, as quais normalmente induzem a uma mudança (positiva) de comportamento e de costumes. Acompanhe a análise das propagandas que seguem.

A peça publicitária anterior procura persuadir o leitor a usar o código da empresa de telefonia, nas suas ligações durante determinado mês. Depreende-se que o custo das ligações (ou parte dele) será doado a uma entidade que cuida de crianças com câncer.

Reforçando o apelo, estão dois "orelhões" representando as "asas" do "anjo" que vai fazer as ligações e, consequentemente, as doações. Dessa forma, a propaganda induz o público-alvo à prática de uma "boa ação".

A próxima peça remonta ao trágico 11 de setembro, em Nova York, e compara o número de mortes causadas pelos ataques terroristas às torres gêmeas a outros números de três grandes mazelas da humanidade, que também são uma tragédia.

Nesse caso, a união de imagens, palavras e números tem apelo e efeito contundentes junto ao público que deseja atingir. Suscita a reflexão profunda e "cobra" uma ação do leitor: da mesma forma que o mundo se uniu contra o terrorismo, deve se unir contra a fome, a pobreza e a aids, que, juntas, são tragédias que, anualmente, matam muito mais que os 2.823 mortos no 11 de setembro.

Nos dois casos, o produto é a "ideia" de uma mudança de comportamento em sociedade, deixando o individualismo de lado para pensar no coletivo, em algo muito maior que a nossa própria vida.

Persuadir pela emoção

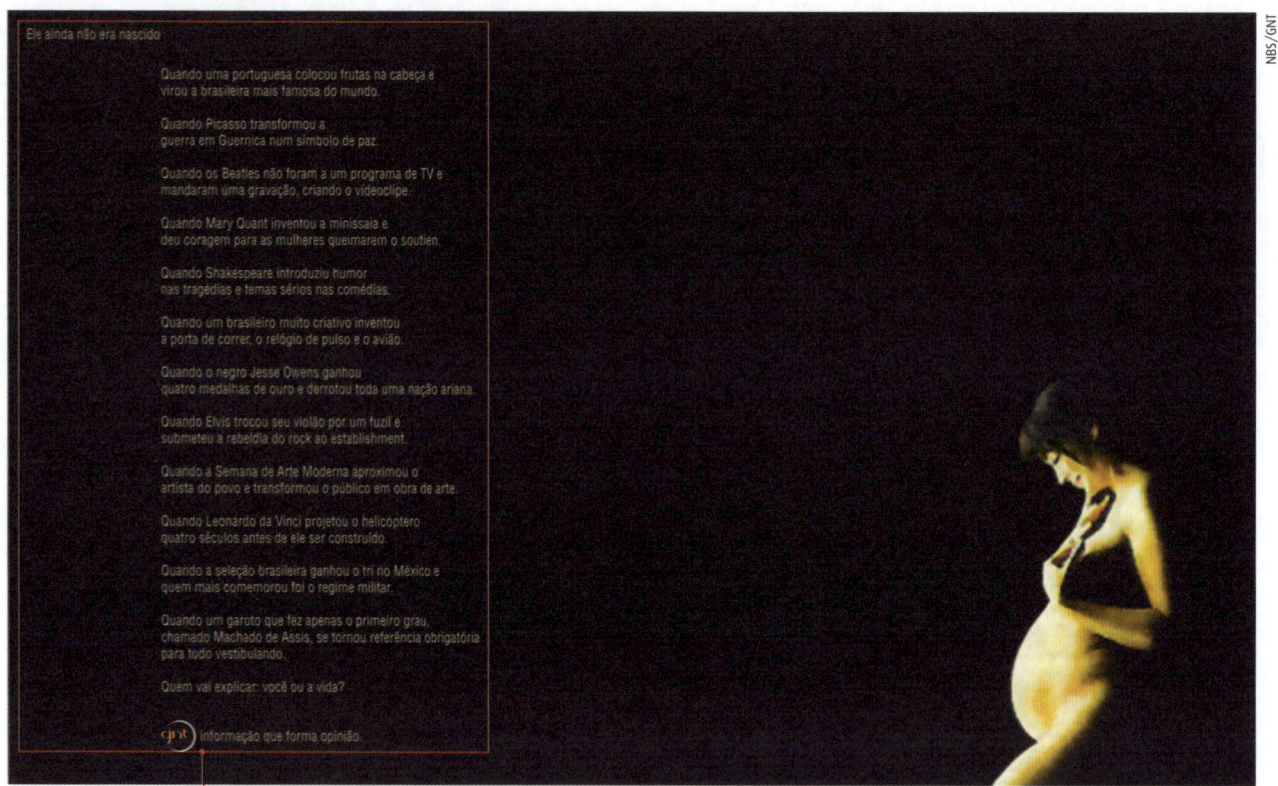

Ele ainda não era nascido

Quando uma portuguesa colocou frutas na cabeça e virou a brasileira mais famosa do mundo.

Quando Picasso transformou a guerra em Guernica num símbolo de paz.

Quando os Beatles não foram a um programa de TV e mandaram uma gravação, criando o videoclipe.

Quando Mary Quant inventou a minissaia e deu coragem para as mulheres queimarem o soutien.

Quando Shakespeare introduziu humor nas tragédias e temas sérios nas comédias.

Quando um brasileiro muito criativo inventou a porta de correr, o relógio de pulso e o avião.

Quando o negro Jesse Owens ganhou quatro medalhas de ouro e derrotou toda uma nação ariana.

Quando Elvis trocou seu violão por um fuzil e submeteu a rebeldia do rock ao establishment.

Quando a Semana de Arte Moderna aproximou o artista do povo e transformou o público em obra de arte.

Quando Leonardo da Vinci projetou o helicóptero quatro séculos antes de ele ser construído.

Quando a seleção brasileira ganhou o tri no México e quem mais comemorou foi o regime militar.

Quando um garoto que fez apenas o primeiro grau, chamado Machado de Assis, se tornou referência obrigatória para todo vestibulando.

Quem vai explicar: você ou a vida?

GNT: informação que forma opinião.

Esse tipo de propaganda tem um forte apelo emocional — e consequentemente persuasivo: a imagem da grávida em destaque, que por si só chama a atenção e comove, carrega no ventre o filho ("que ainda não era nascido") de que fala o texto, que objetivamente pergunta (aos pais): "Quem vai explicar" todos esses acontecimentos e suas decorrências na sociedade: "você ou a vida?". A pergunta retórica tem resposta: a assinatura de um canal de TV vai ajudar os pais na educação do filho, explicando todos os fatos apresentados e muito mais.

Interagindo com a publicidade

Na era da interatividade, a propaganda não podia faltar. Não basta persuadir o leitor/consumidor, é necessário fazê-lo interagir com o produto, na tentativa de tornar tudo o mais concreto possível.

É o que ocorre com a publicidade a seguir. Observe.

A peça publicitária, afixada num ponto de ônibus, portanto visível a muitos transeuntes e usuários do transporte coletivo, lança mão de um recurso "agressivo", fazendo com que o (possível) consumidor interaja com o produto, que se apresenta como passaporte para a "cor desejada". De acordo com o FPS (fator de proteção solar), é possível saber, na hora, como vai ficar a pele depois de usar o bronzeador ou protetor solar. Ao final, o consumidor sente-se confortável, como se já estivesse recebendo os benefícios do produto.

Assim é a publicidade. Quanto mais poderosa ela for, maior será a sua responsabilidade com o consumidor. Ela pode vender fantasias, mas não mentiras; ela pode induzir, mas não enganar. Uma leitura atenta que se faça dos textos publicitários é sempre um bom caminho para compreendê-los na sua totalidade, incluindo as informações implícitas.

Essa experiência de leitura deve ser adquirida e reforçada no ambiente propício que é a sala de aula, por meio de discussões e troca de conhecimentos, uma vez que as diversas áreas do saber permeiam os textos publicitários.

Tiras e charges: aprendendo por meio da arte

Desde a década de 1990, é notória a presença de textos não verbais, especialmente as tiras (tirinhas ou quadrinhos) e charges, nas provas de vestibulares e nos textos didáticos. Inicialmente usados em língua portuguesa, disciplina que, por excelência, trata das mais variadas linguagens, paulatinamente foram fazendo parte de todas as outras, já que, à parte da linguagem, os temas abordados são os mais variados.

A linguagem concisa — aliada ao visual — estimula a leitura e desperta a curiosidade, sobretudo porque, quase sempre, estão presentes o humor e a ironia.

O mundo das tiras é ilimitado; nele tudo cabe. A personificação de diversos seres dá, muitas vezes, o toque de humor ou ironia. A história ilustrada aguça a visão, despertando para diferentes estéticas, desde o desenho de traços mais tradicionais até os mais inusitados. As tiras podem abordar tanto os temas atuais quanto os atemporais. Assim, todas as disciplinas podem tirar proveito desse tipo de texto.

Nas áreas das ciências, comumente se usam esquemas e fórmulas para facilitar a abordagem, a explicação e a apreensão de determinados assuntos. Isso pode ser feito de uma forma mais descontraída e bem-humorada — como por meio das tiras —, tornando o estudo mais lúdico e produtivo, transformando-se numa grande ferramenta pedagógica.

Na tira a seguir, por exemplo, pode-se discutir não somente a clonagem, assunto ainda tão controverso, tão polêmico, mas também a mecanização, que, em algumas atividades, vem substituindo a mão de obra, gerando graves problemas sociais. Assuntos áridos podem ter uma forma atraente e dinâmica de serem tratados.

Muitas cartilhas são feitas por meio dos quadrinhos, para falar sobre assuntos polêmicos e importantes, como aids, dengue, drogas, desmatamento, desperdício de água e energia, poluição etc. Com outros meios, dificilmente atingiriam sensivelmente tantas pessoas.

Já a charge, texto que possui características peculiares, exige um pouco mais de quem a lê: trata de um assunto atual e pontual, normalmente relacionado à política ou à economia. As personagens são caricaturizadas; sua linguagem é informal, bastante concisa e adequada à personagem e ao contexto.

A charge reaviva a memória e a história. Como seu "prazo de validade" é curto, exige do leitor um acompanhamento dos fatos: o que aconteceu, onde, como, quando e quem está envolvido. Quem estiver desprovido dessas informações, dificilmente entenderá a charge, seja no que ela tem de explícito, seja no que tem de implícito. Um leitor de 18 anos, hoje, dificilmente conseguirá ler corretamente uma charge de 20 anos atrás, não somente pela distância no tempo, como também pelo provável desconhecimento dos fatos nela contidos.

Observe a charge abaixo.

Para compreendê-la, é necessário saber o que é "B4" ou a que ele se refere. O número ao lado da letra B indica a porcentagem de mistura de biodiesel ao *diesel* vendido nos postos de combustíveis. Enquanto o óleo *diesel* é um combustível derivado do petróleo, o biodiesel é produzido a partir de plantas oleaginosas, como girassol, mamona, amendoim e algodão. Sua mistura ao *diesel* tende a baratear o preço deste combustível, além de reduzir seu impacto ambiental. O código B4 indica mistura de 4% de biodiesel ao *diesel* original. A legislação brasileira determina aumento gradativo da proporção de biodiesel na mistura, iniciando com B2, em 2008, e chegando a B5, em 2013. Isso requer incremento significativo na produção de biodiesel, razão do incômodo provocado (as "contrações" da charge).

Outras duas características inerentes à charge são a ironia e a intertextualidade. A ironia, muitas vezes não percebida pelo leitor, subverte a lógica vigente — razão de seu caráter combativo —, levando-o à reflexão; a intertextualidade, sobretudo a interdisciplinaridade, uma das exigências na educação básica brasileira, passa a ser o *start* necessário ao aluno para lançar mão dos conhecimentos (acadêmicos ou não) adquiridos.

Os eixos cognitivos

O Enem está estruturado em cinco grandes **eixos cognitivos**, os mesmos para as quatro áreas do conhecimento. Até a edição de 2008, esses eixos cognitivos compunham as cinco **competências gerais**.

Afinal, o que são essas "competências"?

Imagine a seguinte situação: você está dirigindo um automóvel, à noite, por uma estrada que une duas cidades. De repente, os faróis se apagam. Você se encontra em uma autêntica **situação-problema**. Como resolvê-la, contando apenas com os recursos disponíveis?

Em primeiro lugar, você analisa a situação, respondendo a algumas questões, e a primeira delas deve ser: por que os faróis se apagaram?

Você levanta algumas hipóteses, que serão confirmadas ou refutadas. Será que a bateria está sem carga? Não, pois você verifica que outros equipamentos elétricos, como a buzina e o rádio, estão funcionando normalmente. Será que a lâmpada está queimada? Essa hipótese também não parece boa, pois os dois faróis apagaram-se simultaneamente. Nesse momento, você percebe que a causa do problema pode ser um fusível queimado. Olhando os fusíveis, você constata que, de fato, um deles está com o filamento metálico interrompido, o que ocorre em situação de sobrecarga elétrica.

Com o diagnóstico feito, como resolver o problema? Você não traz consigo fusíveis de reserva, mas encontra um clipe de metal, desses usados para prender papéis. Desfazendo as dobras do clipe, você o transforma em um "fio" improvisado, coloca-o no lugar do fusível queimado e — eureca! — os faróis voltam a funcionar.

Atenção!
Improvisar também é arriscado. Aliás, sem ter verificado a razão da sobrecarga que fez queimar o fusível, não se pode excluir a possibilidade de que o "quebra-galho" feito com o clipe de metal acabe por provocar um curto-circuito.

Para resolver a situação-problema apresentada, você precisou usar conhecimentos científicos com os quais entrou em contato durante sua vida escolar, sendo o mais relevante a informação de que metais são bons condutores de eletricidade.

O que estava em jogo não eram apenas **conhecimentos**, mas determinadas **competências**, por meio das quais você conseguiu estabelecer relações entre situações, fatos, informações, pessoas etc.

Chama-se **competência** a capacidade de agir eficazmente em determinado tipo de situação, apoiada em conhecimentos, mas sem se limitar a eles. Veja que foi fundamental saber que "metal conduz eletricidade" (esse é um conhecimento), mas só o domínio dessa informação não seria suficiente. Você empregou uma certa competência e fez a correlação que o tornou capaz de agir eficazmente nessa situação, apoiado em um conhecimento, mas sem se limitar a ele. As competências não são, em si, conhecimentos, mas são elas que mobilizam, utilizam e integram os conhecimentos.

A matriz do Enem

A matriz do Enem estrutura-se sobre os cinco eixos cognitivos, em associação com as **competências de área**, específicas de cada uma das áreas do conhecimento que compõem o exame (linguagens e códigos, ciências da natureza, ciências humanas e matemática). O cruzamento entre os eixos cognitivos e as competências de área define as **habilidades** a serem avaliadas, que decorrem das competências adquiridas e referem-se ao plano imediato do "saber fazer".

Esse cruzamento origina uma **matriz de referência**, como mostra o esquema abaixo.

Competências de área	EIXOS COGNITIVOS (OU COMPETÊNCIAS GERAIS)				
	I	II	III	IV	V
1	H1	H2	...		
2					
...					
					...

Além disso, o documento oficial do Enem incorpora um conjunto de conteúdos das diferentes áreas do conhecimento, com o objetivo de atuar sobre o currículo do ensino médio. Assim, o Enem exige os mesmos conteúdos dos vestibulares, mas o formato da prova é diferente. Os estudantes precisam usar mais a capacidade de raciocínio e compreensão do que a memorização. Estes são os cinco eixos cognitivos sobre os quais se estrutura o Enem:

I. **Dominar a norma culta da língua portuguesa e fazer uso das linguagens matemática, artística e científica.** O Enem pretende verificar se o aluno é capaz de compreender as múltiplas linguagens que escrevem a realidade, se é capaz de decifrar os diversos códigos verbais e não verbais, gerando significado a partir deles.

II. **Construir e aplicar conceitos das várias áreas do conhecimento para a compreensão de fenômenos naturais, de processos histórico-geográficos, da produção tecnológica e das manifestações artísticas.** A avaliação desse eixo cognitivo procura aferir o conhecimento nas diferentes áreas do saber. É avaliada a capacidade de empregar os conceitos já aprendidos e a capacidade de inter-relacioná-los. É importante destacar, porém, que não basta ter "decorado" fórmulas, resumos e esquemas. É preciso conseguir aplicá-los para interpretar corretamente situações concretas.

III. **Selecionar, organizar, relacionar, interpretar dados e informações representadas de diferentes formas, para tomar decisões e enfrentar situações-problema.** O aluno é avaliado por sua capacidade de resolver problemas, aplicando conhecimentos adquiridos na escola, mas sem se limitar a eles, pois assim é na vida prática. O Enem procura perceber se o aluno consegue abrir a caixa de "ferramentas intelectuais" adquiridas durante a vida escolar, escolher a ferramenta mais apropriada e usá-la adequadamente.

IV. **Relacionar informações, representadas em diferentes formas, e conhecimentos disponíveis em situações concretas, para construir argumentação consistente.** A prova do Enem avalia a capacidade de argumentação, isto é, se diante de determinado assunto o aluno assume uma posição e a defende, usando para isso argumentos consistentes. Não se trata de "adivinhar" o que o examinador quer, mas de expor opiniões com convicção, fundamentação e coerência.

V. **Recorrer aos conhecimentos desenvolvidos na escola para a elaboração de propostas de intervenção solidária na realidade, respeitando os valores humanos e considerando a diversidade sociocultural.** Verifica a competência para analisar problemas concretos, opinar sobre eles e propor soluções, exercendo a cidadania em plenitude. Nesse eixo cognitivo, incluem-se ações que visam à proteção dos recursos naturais, à preservação dos valores democráticos, às estratégias de combate às desigualdades e a todas as formas de preconceito e de racismo, como atenuar os efeitos perversos da globalização da economia, como lutar pela melhoria das condições de vida, saúde e educação da população e muitos outros aspectos da vida em comunidade.

Linguagens, códigos e suas tecnologias

Tradicionalmente, associava-se o conhecimento da linguagem à memorização de classificações gramaticais. Saber língua portuguesa significava, nessa concepção, dominar as classes de palavras e a análise sintática: distinguir substantivos, adjetivos e advérbios; reconhecer sujeito e predicado; diferenciar adjunto adnominal de complemento nominal. O estudo da literatura, por sua vez, convencionalmente propunha decorar características de determinados estilos de época.

O estudo da gramática já não se resume ao domínio de uma nomenclatura: priorizam-se o texto, o uso proficiente do idioma e os efeitos de sentido obtidos a partir das opções que a língua oferece. Poemas ou romances já não são apenas pretexto para a demonstração de características de "escolas" literárias, mas, sim, produções artísticas singulares, ainda que em diálogo com determinado contexto histórico e social.

Para alguns, pode parecer que literatura e educação física não tenham nada em comum; no entanto, ambas são **linguagens** de expressão da atividade humana cotidiana. Como tais, formam-se a partir de múltiplos códigos, datados no tempo e situados no espaço.

A linguagem da língua

A língua e as linguagens são as principais ferramentas de produção do conhecimento; assim sendo, estão situadas social e historicamente. Em outras palavras, cada época e cada lugar produzirão coletivamente sua cultura.

O estudo da língua não pode ser um concorrente, mas um aliado do estudante em suas práticas cotidianas. Se ocorrer dessa maneira, não teremos no estudo das linguagens apenas uma oportunidade de ampliação dos conhecimentos, mas um espaço para a superação de preconceitos linguísticos e para a investigação do elo "oral e escrito".

O estudo da língua pretende, dessa forma, explorar ao máximo as várias possibilidades de se atribuir sentido aos textos, e não mais a assimilação dos conteúdos sistematizados artificialmente e deslocados da realidade social, sem contemplar os diversos contextos de uso da língua.

A linguagem das letras

Os textos literários parecem ter uma capacidade especial de lidar com a linguagem: a escolha e a combinação das palavras, as diferentes formas de ler e escrever textos diferentes. Quem confundiria um poema de Manuel Bandeira com um conto de Machado de Assis? E o melhor é que a diferença entre os dois não resulta apenas das diferenças na maneira de escrever de cada gênero, mas também do que esses escritores imaginavam, cada um a seu tempo, o que era literatura.

Não é só na literatura que temos que ajustar nossos óculos para enxergar melhor cada produção em seu contexto específico. Diante de uma fotografia antiga, quase instantaneamente, sentimos vontade de entender as roupas, o cenário, o sorriso diferente das personagens. Observe, por exemplo, a fotografia abaixo, de 1949.

O que faz esse casal, andando na praia com roupas tão diferentes das que usaríamos? Seria o Rio de Janeiro mais frio? Seriam as pessoas mais conservadoras ou, talvez, tentassem seguir a moda europeia?

À primeira vista, todas essas hipóteses seriam plausíveis, se desconhecêssemos um dado fundamental. Conforme conta uma matéria da revista *Piauí*, as roupas faziam parte de uma "passeata-protesto-desfile" contra uma portaria que proibia que banhistas andassem sem camisa fora da orla. Para reconstruirmos o significado da fotografia, foi necessário conhecer o contexto em que ela foi produzida.

Na literatura, para se distinguir uma "interpretação plausível" de uma "superinterpretação" (termo criado por Umberto Eco), é necessário também recorrer ao contexto de produção e recepção. Quando lemos em Camões "Amor é fogo que arde sem se ver", por exemplo, provavelmente o eu-lírico não desejava segredar-nos um momento íntimo, mas raciocinar sobre as contradições do Amor, amor com maiúscula, uma vez que é uma alegoria. Além disso, podemos pensar que, no afã de buscar a perfeição formal do poema, nada mais adequado que apresentá-lo em um soneto.

Álvares de Azevedo, no entanto, em seu poema "Lembrança de morrer", canta "Quando em meu peito rebentar-se a fibra, / Que o espírito enlaça à dor vivente", revelando os sentimentos do eu-lírico de maneira particular. Não é à toa que são autores distantes no tempo, o primeiro impregnado pelas ideias do Renascimento; o segundo, pelas do Romantismo.

A grande tarefa dos estudos literários é tentar ressignificar os textos do passado, reconhecendo suas características formais particulares. Nesse processo de leitura, é importante reconhecer os principais temas tratados e traduzi-los para nossa vida.

Veja só o que Plutarco escreveu, por volta do século II d.C., sobre os tagarelas: "Ora, a natureza não protegeu nada com tanto cuidado em nós como a língua, diante da qual postou a guarnição dos dentes para que, se ela não obedecer às 'rédeas rutilantes' que o pensamento puxa para dentro e se não se contiver, nós possamos controlar sua incontinência mordendo-a até arrancar sangue".

Obviamente, não morderíamos a língua se fôssemos tagarelas, mas a lição ainda é válida. Quem já não passou por uma situação em que "falou demais"? Acabamos de fazer um exercício que deve ser constante na literatura, ou seja, "atualizar" as obras literárias e perceber que nelas são discutidos temas universais.

Perceba que, para tanto, não foi necessário reduzir o vocabulário à meia dúzia de palavras a que estamos acostumados em nosso cotidiano, e sim refletir sobre os temas nelas presentes.

Livros como *Harry Potter* e *Crepúsculo* estão mais próximos de nós porque sua produção participa do mesmo contexto que o nosso e o vocabulário também é mais próximo. Consumimos esses livros, e o nome que recebem — *best-sellers* (numa tradução livre, os mais vendidos) — mostra-nos sua estreita relação com o consumo. E por que os consumimos? Porque são escritos de acordo com um padrão de enredo e linguagem que agrada a grande parte dos leitores.

Lendo esses livros, provamos que apreciamos e consumimos leitura. Todavia, a escola nos mostra que é preciso ter cuidado e não sair por aí comprando tudo o que vemos. Precisamos ser leitores críticos, e para isso não há mágica! É possível "viajar" no tempo, desvendar novos universos e atentar para o fato de que a elaboração da linguagem é o princípio da literatura. Quando realizamos essas tarefas, estamos próximos da formação do leitor crítico, aquele que não fica à mercê da alienação imposta pelo mercado.

A linguagem das artes

Assim como a literatura não deve ser entendida como uma imensa lista de características de estilo de época e de autores, outras produções artísticas — música, dança, artes visuais e teatro — devem ser compreendidas em relação à sua linguagem específica e em relação aos seus aspectos sociais. Assim, deve-se reconhecer a arte não apenas como um objeto estético, mas também como manifestação de diferentes culturas (do erudito ao popular), cuja função pode variar da elaboração de um artefato útil à busca do prazer estético.

Nesse sentido, objetos do cotidiano podem ser lidos como representações artísticas. Os abajures a seguir remetem a características bem distintas. No primeiro, percebe-se a preocupação com a diversificação das cores e o uso de formas assimétricas, em materiais como o ferro forjado e o vidro, típicos do estilo conhecido como *art nouveau*. Já o segundo apresenta somente duas cores contrastantes e formas geométricas simétricas, em materiais como plástico e madeira, num estilo derivado da escola Bauhaus de arquitetura e *design*.

Os dois estilos são resultado de influências e concepções estéticas particulares, que dialogam com contextos de produção diferentes. Compreendê-los significa legitimar cada um em sua singularidade, para além de juízos de valor como "mais bonito" ou "mais prático".

O simples fato de gostarmos de uma música, por exemplo, pode nos levar à reflexão sobre a natureza da linguagem musical e sobre suas funções sociais. A sensibilização provocada pela melodia e pelo ritmo pode ser acompanhada pela sensação de nos sentirmos pertencentes mais a uma determinada "tribo" que a outra. A apreciação musical não é gratuita e faz parte de nossa identidade. Outros tipos de música fazem parte de outras identidades e devem ser também respeitados; quando compreendemos isso, valorizamos a diversidade das produções artísticas.

É necessário reconhecer, então, que os padrões artísticos variam com o tempo e estão ligados diretamente ao contexto de produção e recepção da obra de arte. Deve-se valorizar a pluralidade das manifestações, como forma de compreensão das diversidades dos grupos sociais e étnicos.

A linguagem do corpo

Acima de tudo, a linguagem do corpo deve ser inclusiva. É isso que deve nos orientar quando o assunto é "o que estudar em educação física". Não precisamos pensar nos "conteúdos", pois eles não existem de fato, pelo menos como uma grade curricular preestabelecida. Os conteúdos de educação física constituem-se de maneira natural, pois são produto das relações estabelecidas entre diferentes sujeitos, em práticas corporais múltiplas e espontâneas, dentro de vários e diferenciados contextos culturais.

No Brasil, atividades mais representativas dessas práticas culturais são o esporte, a ginástica, os jogos, as lutas e a dança. Apesar do caráter competitivo atribuído a essas manifestações nas últimas décadas — com regras, torneios e premiação dos melhores —, cabe à escola resistir à tentação do "esporte a serviço da indústria cultural, do espetáculo televisivo e da venda de produtos".

As linguagens do texto, da arte, da música e do corpo constroem significados e fazem parte da essência da cultura de um povo.

Devem ser resgatadas as relações solidárias e a diversidade cultural das (e nas) práticas corporais, que podem ser iniciadas na escola, mas estendidas a todos os outros contextos de vida.

Assim como a literatura e a arte, as práticas corporais — desde as danças até as lutas — também encontram vinculação com seus contextos espaciais, culturais e históricos. Os diferentes estilos de *kung fu*, por exemplo, remontam às necessidades de treinos e lutas desenvolvidas em diferentes solos: a luta mais lenta e pesada no solo alagado das plantações de arroz do sul da China e a luta mais veloz nos solos rochosos do norte. Dessa maneira, olhando as lutas sob essa perspectiva, percebemos não só uma disputa com vencedores e vencidos, mas também a ligação com a disciplina de um corpo saudável, boa condição física e mente capaz de enxergar no corpo do outro os caminhos para um combate limpo.

Mais que isso, as lutas, a ginástica e a dança deixam transparecer a riqueza das influências dos vários povos formadores do Brasil. Da mesma maneira, os jogos são marcas de acordos coletivos e de identidades nacionais e locais: cada região e cada grupo têm seu jogo mais valorizado.

Em suma, a linguagem corporal deve ser percebida e entendida não apenas como um espaço de conquista de títulos ou disputa por melhores desempenhos, mas como algo capaz de unir semelhantes e diferentes, consolidando identidades e incluindo singularidades.

Linguagens e seus objetos do conhecimento

- **Estudo do texto.** As sequências discursivas e os gêneros textuais no sistema de comunicação e informação — modos de organização da composição textual; atividades de produção escrita e de leitura de textos gerados nas diferentes esferas sociais — públicas e privadas.

- **Estudo das práticas corporais.** A linguagem corporal como integradora social e formadora de identidade — *performance* corporal e identidades juvenis; possibilidades de vivência crítica e emancipada do lazer; mitos e verdades sobre os corpos masculino e feminino na sociedade atual; exercício físico e saúde; o corpo e a expressão artística e cultural; o corpo no mundo dos símbolos e como produção da cultura; práticas corporais e autonomia; condicionamentos e esforços físicos; o esporte; a dança; as lutas; os jogos; as brincadeiras.

- **Produção e recepção de textos artísticos.** Interpretação e representação do mundo para o fortalecimento dos processos de identidade e cidadania. Artes visuais: estrutura morfológica, sintática, o contexto da obra artística, o contexto da comunidade. Teatro: estrutura morfológica, sintática, o contexto da obra artística, o contexto da comunidade, as fontes de criação. Música: estrutura morfológica, sintática, o contexto da obra artística, o contexto da comunidade, as fontes de criação. Dança: estrutura morfológica, sintática, o contexto da obra artística, o contexto da comunidade, as fontes de criação. Conteúdos estruturantes das linguagens artísticas (artes visuais, dança, música, teatro) elaborados a partir de suas estruturas morfológicas e sintáticas; inclusão, diversidade e multiculturalidade: a valorização da pluralidade expressa nas produções estéticas e artísticas das minorias sociais e dos portadores de necessidades educacionais especiais.

- **Estudo do texto literário.** Relações entre produção literária e processo social, concepções artísticas, procedimentos de construção e recepção de textos — produção literária e processo social; processos de formação literária e de formação nacional; produção de textos literários, sua recepção e a constituição do patrimônio literário nacional; relações entre a dialética cosmopolitismo/localismo e a produção literária nacional; elementos de continuidade e ruptura entre os diversos momentos da literatura brasileira; associações entre concepções artísticas e procedimentos de construção do texto literário em seus gêneros (épico/narrativo, lírico e dramático) e formas diversas; articulações entre os recursos expressivos e estruturais do texto literário e o processo social relacionado ao momento de sua produção; representação literária: natureza, função, organização e estrutura do texto literário; relações entre literatura, outras artes e outros saberes.

- **Estudo dos aspectos linguísticos em diferentes textos.** Recursos expressivos da língua, procedimentos de construção e recepção de textos — organização da macroestrutura semântica e a articulação entre ideias e proposições (relações lógico-semânticas).

- **Estudo do texto argumentativo, seus gêneros e recursos linguísticos.** Argumentação: tipo, gêneros e usos em língua portuguesa — formas de apresentação de diferentes pontos de vista; organização e progressão textual; papéis sociais e comunicativos dos interlocutores, relação entre usos e propósitos comunicativos, função sociocomunicativa do gênero, aspectos da dimensão espaçotemporal em que se produz o texto.

- **Estudo dos aspectos linguísticos da língua portuguesa.** Usos da língua: norma culta e variação linguística — uso dos recursos linguísticos em relação ao contexto em que o texto é constituído: elementos de referência pessoal, temporal, espacial, registro linguístico, grau de formalidade, seleção lexical, tempos e modos verbais; uso dos recursos linguísticos em processo de coesão textual: elementos de articulação das sequências dos textos ou da construção da microestrutura do texto.

- **Estudo dos gêneros digitais.** Tecnologia da comunicação e informação: impacto e função social — o texto literário típico da cultura de massa; o suporte textual em gêneros digitais; a caracterização dos interlocutores na comunicação tecnológica; os recursos linguísticos e os gêneros digitais; a função social das novas tecnologias.

Atividades

C4 • H13, C5 • H16 e C6 • H19

1 Leia com atenção os textos:

Texto 1

A um poeta

Tu, que dormes, espírito sereno,
Posto à sombra dos cedros seculares,
Como um levita à sombra dos altares,
Longe da luta e do fragor terreno,

Acorda! É tempo! O sol, já alto e pleno,
Afugentou as larvas tumulares...
Para surgir do seio desses mares,
Um mundo novo espera só um aceno...

Escuta! É a grande voz das multidões!
São teus irmãos, que se erguem! São canções...
Mas de guerra... e são vozes de rebate!

Ergue-te, pois, soldado do Futuro,
E dos raios de luz do sonho puro,
Sonhador, faze espada de combate!

(Antero de Quental. *Sonetos*. Lisboa: Imprensa Nacional, 1994.)

Texto 2

A um poeta

Longe do estéril turbilhão da rua,
Beneditino escreve! No aconchego
Do claustro, na paciência e no sossego,
Trabalha e teima, e lima, e sofre, e sua!

Mas que na forma se disfarce o emprego
Do esforço; e a trama viva se construa
De tal modo que a imagem fique nua,
Rica, mas sóbria como um templo grego.

Não se mostre na fábrica o suplício
Do mestre. E, natural, o efeito agrade
Sem lembrar os andaimes do edifício:

Porque a Beleza, gêmea da Verdade,
Arte pura, inimiga do artifício,
É a força e a graça na simplicidade.

(Olavo Bilac. *Obra reunida*. Rio de Janeiro: Nova Aguilar, 1996.)

a) Justifique as escolhas dos títulos dos textos.

b) Sabendo-se que Bilac e Antero de Quental viveram na mesma época histórica, é possível afirmar que há semelhanças, quanto ao estilo, entre seus textos?

c) Quanto ao assunto, qual é a diferença entre os dois textos?

d) Quais funções da linguagem estão presentes em ambos os textos?

C1 • H4 e C8 • H27

2 Leia os textos:

Texto 1

INTER TESTA LIDERANÇA DO MILAN

Num torneio acirrado, o Milan testa hoje sua força diante da arquirrival Inter, que está em quarto lugar — só três pontos separam os dois times. O clássico será às 17h30 (com ESPN e ESPN HD). Ontem, Juventus e Roma empataram em 1 a 1.

(*Folha de S. Paulo*, 14/11/2010.)

Texto 2

Na 2ª semana, festival traz mais sete peças

DE RIBEIRÃO PRETO

Depois de uma semana com sucesso de público, que lotou praças e teatros, o 1º Festival de Teatro de Ribeirão Preto entra em seus últimos dias de espetáculos.

Na quarta-feira, último dia do evento, acontece um fórum de políticas teatrais.

[...]

Já o Teatro Municipal traz "Vestido de Noiva", um clássico do dramaturgo Nelson Rodrigues. A peça é para maiores de 14 anos.

(*Folha de S. Paulo*, 14/11/2010.)

Texto 3

Ensaio: caçada a Monteiro Lobato

A releitura de "Caçadas de Pedrinho" e de outros clássicos de Monteiro Lobato, avaliados como "racistas" em recente polêmica na Folha, revela uma prosa anterior aos ditames politicamente corretos. Expressões em desuso, ainda que eivadas de racismo, não impedem a construção de um mundo ficcional complexo e rico.

(*Folha de S. Paulo*, 14/11/2010.)

a) Repare que, na mesma edição, o jornal *Folha de S. Paulo* empregou a palavra *clássico* em diferentes textos. O sentido da palavra é o mesmo em todos os textos?

b) Em que outra situação, diferente das vistas nos textos lidos, o termo *clássico* pode ser empregado?

C6 • H19

3 No *Dicionário escolar da Língua Portuguesa*, da ABL (Academia Brasileira de Letras), lemos:

literatura [...] s.f. (Lit.) **1.** Arte que tem sua expressão na linguagem oral e, mais frequentemente, na escrita [...]. **2.** Teoria e estudo das manifestações literárias [...]. **3.** Todo o conjunto das obras literárias de um país, de uma língua, de uma época [...]

(São Paulo: Nacional, 2008.)

Os verbetes são um gênero textual. Sabe-se que descrever uma linguagem por meio dela própria, como faz o verbete lido, constitui uma das funções da linguagem. Qual é essa função?

a) poética
b) metalinguística
c) referencial
d) fática
e) imperativa

C6 • H18

4

O teste da rosa

Digamos que você tem uma rosa. Uma só. Antes que eu continue, ela me interrompe: de que cor? Pensei na rosa, mas não pensei na cor. Cor-de-rosa, digo. Ela faz uma carinha de quem não aprova. Rosa cor-de-rosa, que falta de imaginação! Branca, me corrijo. Branca, não, ela corta. Vermelha. Tá bem. Uma rosa vermelha. Vermelhinha? Sim, vermelhíssima. Da cor do sangue vivo.

Digamos que você tem uma rosa, recomeço. É a única que existe no mundo. A última? Não interessa. No caso é a única. E é sua. Digamos que você quer dar essa rosa a alguém. E se eu não quiser dar? Aí a história acaba. Continuo? Continua. Você tem que dar essa rosa a alguém. Uma pessoa só? Sim, uma só. Fui dar corda, a menina não para de falar. Verdadeira matraca. Já quer saber por que tem de dar a rosa. Se é dela e é única, não vai dar a ninguém. Vai vender.

Mas a história é assim: é a única, a última rosa do mundo. E você tem que passar pra frente. Se não der, ela explode e queima a sua mão. Carinha de nojo, ela resmunga: rosa que explode e pega fogo, essa não. Finjo que não ouço e vou adiante. Você vai entregar essa rosa a quem mais a merece. A faladeira quer saber se a rosa é bonita. Lindíssima, já disse. Fresquinha. A última e mais bela rosa do mundo. Não, não pode guardar. Nem pode vender.

Novas tentativas de sair do script, mas eu fecho todas as portas. Não pode mudar. Não interessa quem inventou. É o teste da rosa. Existe desde o princípio do mundo, digo convicto. E cale a boca, por favor. Mais um minuto e a rosa estoura na sua mão. Não é bomba, mas estoura. História inventada é assim. Rosa estoura e pronto. Você tem que dar a rosa pra alguém que a merece. A pessoa que você mais ama. Dona do seu coração. Vale, vale tudo. Gente grande, ou criança. Quem você quiser. Não, não podem ser duas pessoas. Mesmo casadas, morando na mesma casa, não pode. Também não vale. Pétala por pétala, não. É a rosa inteira, perfumada. Uma beleza. Já disse que é a mais bonita do mundo. Nunca mais vai existir outra igual. E depressa, senão explode. Na sua mão, não no vaso. Fresquinha, com gotas de orvalho que brilham como pequenos sóis. Vamos logo, quem? A quem você dá essa rosa? Ela sorri, zombeteira e me faz a pergunta fatal: você está crente que eu dou pra você, não está?

(Otto Lara Resende. *Bom dia para nascer*. São Paulo: Cia. das Letras, 1993.)

A partir da leitura da crônica "O teste da rosa", podemos inferir que:

a) as pessoas que conversam são duas crianças.
b) um adulto e uma criança interagem verbalmente.
c) trata-se de uma fábula; por isso, a rosa, a criança e o adulto interagem verbalmente.
d) um adulto e uma rosa conversam.
e) a narrativa é toda contada por uma criança.

Textos para as questões 5 e 6:

Texto 1

[...] Habilidade ou disposição dirigida para a execução de uma finalidade prática ou teórica, realizada de forma consciente, controlada e racional [...]; ofício, profissão [...]; forma de agir, maneira, jeito [...].

(*Dicionário Houaiss da língua portuguesa*. Rio de Janeiro: Objetiva, 2009.)

Texto 2

No passado, entretanto, a obra-prima era aquela que coroava o aprendizado de um ofício, que testemunhava a competência de seu autor. [...] a obra-prima, no passado, era julgada a partir de critérios precisos de fabricação por artesãos que dominavam perfeitamente as técnicas necessárias.

(Jorge Coli. *O que é arte*. 10. ed. São Paulo: Brasiliense, 1989.)

Texto 3

[...] é a obra de arte, sistema de signos dotado de coerência estrutural e de originalidade.

(Haroldo de Campos. *Metalinguagem & outras metas*. 4. ed. São Paulo: Perspectiva, 1992.)

C7 • H22

5 Quais palavras dos textos 2 e 3 podem ser consideradas equivalentes, quanto ao sentido, à palavra *execução*, presente no texto 1?
a) *fabricação* (texto 2) e *coerência* (texto 3)
b) *ofício* (texto 2) e *coerência* (texto 3)
c) *coroava* (texto 2) e *originalidade* (texto 3)
d) *competência* (texto 2) e *originalidade* (texto 3)
e) *técnicas* (texto 2) e *estrutural* (texto 3)

C6 • H18 e C7 • H22

6 Sabe-se que o termo *arte*, no cotidiano, tem também o significado de "travessura", quando aplicado a certo tipo de ação de crianças e jovens. Em qual ou quais dos três textos encontramos uma definição que se aproxima desse sentido?
a) texto 1
b) texto 2
c) texto 3
d) textos 2 e 3
e) nenhum deles

Texto para as questões 7, 8 e 9:

EMÍLIA – E os nossos parentes quando nos obrigam a seguir uma carreira para a qual não temos inclinação alguma, dizem que o tempo acostumar-nos-á.

CARLOS – O tempo acostumar! Eis aí por que vemos entre nós tantos absurdos e disparates. Este tem jeito para sapateiro: pois vá estudar medicina... Excelente médico! Aquele tem inclinação para cômico: pois não senhor, será político... Ora, ainda isso vá. Estoutro só tem jeito para caiador ou borrador: nada, é ofício que não presta... Seja diplomata, que borra tudo quanto faz. Aqueloutro chama-lhe toda a propensão para a ladroeira; manda o bom senso que se corrija o sujeitinho, mas isso não se faz; seja tesoureiro de repartição fiscal, e lá se vão os cofres da nação à garra... Essoutro tem uma grande carga de preguiça e indolência e só serviria para leigo de convento, no entanto vemos o bom do mandrião empregado público, comendo com as mãos encruzadas sobre a pança o pingue ordenado da nação.

EMÍLIA – Tens muita razão; assim é.

CARLOS – Este nasceu para poeta ou escritor, com uma imaginação fogosa e independente, capaz de grandes cousas, mas não pode seguir a sua inclinação, porque poetas e escritores morrem de miséria, no Brasil... E assim o obriga a necessidade a ser o mais somenos amanuense em uma repartição pública e a copiar cinco horas por dia os mais soníferos papéis. O que acontece? Em breve matam-lhe a inteligência e fazem do homem pensante máquina estúpida, e assim se gasta uma vida? É preciso, é já tempo que alguém olhe para isso, e alguém que possa.

(Martins Pena. *Comédias de Martins Pena*. Ediouro. Edição crítica por Darcy Damasceno.)

C6 • H18

7 Na obra de que o texto faz parte, o jovem Carlos é obrigado a ir para um seminário, por imposição de Ambrósio, um falastrão casado com sua tia. Às voltas com a necessidade de sair do lugar em que está confinado, para poder ficar com sua amada Emília, Carlos se envolve em muitas situações inesperadas.

Quando Emília, no trecho lido, diz "assim é", a que ela estaria se referindo?

a) À falta de vocação religiosa mencionada por Carlos.
b) Aos médicos que também fazem humor.
c) Ao absurdo de muitas escolhas profissionais.
d) À necessidade de combater a ladroeira (corrupção).
e) À falta de vocação para o serviço público.

C6 • H18

8 Com base apenas no trecho lido, é possível identificar o gênero literário dessa obra de Martins Pena? Assinale a alternativa que apresenta esse gênero:
a) conto
b) poesia épica
c) texto teatral
d) romance
e) crônica

C5 • H15 e H17

9 A partir da leitura do trecho, pertencente a uma obra filiada ao nosso Romantismo (século XIX), podemos concluir que a fala de Carlos:

a) reflete um dilema típico da elite brasileira da época, apenas.

b) expõe, com humor, a rotina dos jovens que querem seguir a carreira religiosa.

c) denota um conflito — a carreira ou o amor? — que se estende até os nossos dias.

d) revela a cultura da imposição da vontade da família sobre o futuro dos jovens.

e) mostra a rebeldia típica dos heróis românticos, como em José de Alencar, por exemplo.

C5 • H17 e C6 • H18

10 Leia com atenção o seguinte trecho do romance *Vidas secas*:

[...] Devia ser ignorância da mulher, provavelmente devia ser ignorância da mulher. Até estranhara as contas dela. Enfim, como não sabia ler (um bruto, sim senhor), acreditara na sua velha. Mas pedia desculpa e jurava não cair noutra.

O amo abrandou, e Fabiano saiu de costas, o chapéu varrendo o tijolo. Na porta, virando-se, enganchou as rosetas das esporas, afastou-se tropeçando, os sapatões de couro cru batendo no chão como cascos.

Foi até a esquina, parou, tomou fôlego. Não deviam tratá-lo assim. Dirigiu-se ao quadro lentamente. Diante da bodega de seu Inácio virou o rosto e fez uma curva larga. Depois que acontecera aquela miséria, temia passar ali. Sentou-se numa calçada, tirou do bolso o dinheiro, examinou-o, procurando adivinhar quanto lhe tinham furtado. Não podia dizer em voz alta que aquilo era um furto, mas era. Tomavam-lhe o gado quase de graça e ainda inventavam juro. Que juro! O que havia era safadeza.

(Graciliano Ramos. *Vidas secas*. Rio de Janeiro: Record, 1984.)

Depois da conversa com seu patrão a respeito do pagamento que recebeu, "Fabiano saiu de costas, o chapéu varrendo tijolo". O que esse comportamento da personagem indica?

a) subserviência e vergonha

b) falta de alimento e doença

c) sujeira e ressentimento

d) cansaço e raiva

e) falta de sorte e fome

C1 • H3 e C4 • H12

11 Imagem 1

D. Pedro II, o Magnânimo (1864), de Vítor Meireles. Museu de Arte de São Paulo, SP

Imagem 2

Pedro II, imperador brasileiro.

As imagens 1 e 2 retratam o mesmo personagem: o imperador brasileiro Pedro II. Ambas são obras de arte e sobre elas é correto afirmar:

a) A imagem 2 é plágio da primeira.
b) A imagem 1 é caricatura de Pedro.
c) A imagem 2 é uma caricatura do imperador.
d) A imagem 2 é uma fotografia de Pedro.
e) A imagem 2 satiriza Pedro, retratado na imagem 1.

C4 • H12 e C5 • H16

12

XXXVI

E há poetas que são artistas
E trabalham nos seus versos
Como um carpinteiro nas tábuas!...
Que triste não saber florir!
Ter que pôr verso sobre verso, como quem constrói um muro
E ver se está bem, e tirar se não está!...
Quando a única casa artística é a Terra toda
Que varia e está sempre bem e é sempre a mesma.
Penso nisto, não como quem pensa, mas como quem respira,
E olho para as flores e sorrio...
Não sei se elas me compreendem
Nem se eu as compreendo a elas,
Mas sei que a verdade está nelas e em mim
E na nossa comum divindade
De nos deixarmos ir e viver pela Terra
E levar ao colo pelas Estações contentes
E deixar que o vento cante para adormecermos
E não termos sonhos no nosso sono.

(Alberto Caeiro. *O guardador de rebanhos*.
Rio de Janeiro: Nova Aguilar, 1986.)

A partir da leitura do poema, pode-se afirmar que:

I. O poeta deve amar a natureza mas não a si mesmo, para entender a Terra.
II. Os poetas, em geral, devem compreender a relação entre o homem e a natureza
III. A poesia deve ser resultado não de reflexão, mas de vivência natural.

Estão corretas as afirmações:

a) apenas I.
b) I e II.
c) I e III.
d) II e III.
e) todas.

C5 • H15 e C7 • H22

13

Texto 1

Leve-me a sementeira muito embora

O rio sobre os campos levantado:

Acabe, acabe a peste matadora,

Sem deixar uma rês, o **nédio** gado.

Já destes bens, Marília, não preciso:

Nem me cega a paixão, que o mundo arrasta;

Para viver feliz, Marília, basta

Que os olhos movas, e me dês um riso.

Graças, Marília bela,

    Graças à minha Estrela!

nédio: gordo; brilhante

(Tomás Antônio Gonzaga. *A poesia dos inconfidentes.* Rio de Janeiro: Aguilar, 1996.)

Texto 2

O grande divisor de águas no tocante à evolução da noção de progresso civilizatório e do seu impacto sobre a felicidade humana foi o iluminismo europeu do século XVIII — a "era da razão" baseada na fé sobre o poder da própria razão. [...] Como apontam os melhores especialistas no assunto, o conceito iluminista de progresso — e tudo o que ele implicava em termos de otimismo quanto ao futuro terreno da espécie humana — assinala uma clara ruptura em relação às ideias dominantes no mundo antigo, medieval e renascentista [...]. A equação fundamental do iluminismo europeu pressupunha a existência de uma espécie de harmonia preestabelecida entre o progresso da civilização e o aumento da felicidade. A resultante do processo, ou seja, a construção gradativa de um mundo como nunca se vira na história, desde a expulsão do primeiro casal do paraíso era efeito da combinação de vetores de mudança que não só corriam juntos mas que alimentavam e se reforçavam mutuamente. Eram eles:

– o avanço do saber científico;

- o domínio crescente da natureza pela tecnologia;
- o aumento exponencial da produtividade e da riqueza material;
- a emancipação das mentes após séculos de opressão religiosa, superstição e servilismo;
- o aprimoramento intelectual e moral dos homens por meio da ação conjunta da educação e das leis.

(Eduardo Gianetti. *Felicidade*. São Paulo: Cia. das Letras, 2002.)

Contrariamente ao que faz o texto 1, o texto 2 apresenta uma pequena lista de elementos dos quais dependeria a felicidade. Qual é a principal diferença de enfoque entre os dois textos quanto aos requisitos para a felicidade?

a) O enfoque dado no texto 1 é universal, coletivo, enquanto no texto 2 é particular.
b) No texto 1, o eu lírico olha para si mesmo, enquanto no texto 2 a questão da felicidade é considerada socialmente.
c) Tanto no texto 1 quanto no texto 2 não há ponto de vista emotivo na abordagem do tema.
d) O texto 2 apresenta uma visão semelhante à da poesia quando se refere à natureza.
e) O texto 1 se aproxima da ideia de felicidade exposta no texto 2, pois recusa a opressão religiosa.

O trinco (1778), de Jean Fragonard.

C4 • H12 e H13

14 A obra reproduzida acima é do século XVIII, e na cena que ela mostra pode-se antever uma pequena narrativa. Qual alternativa melhor explicita essa narrativa?

a) A jovem moça hesita, mas acaba entregando-se ao amante que, por sua vez, busca fuga.

b) A jovem estava presa e, nesse instante, está sendo libertada por seu amante.

c) Os jovens se encaminham para a saída, buscando fugir de possível flagrante.

d) Os jovens amantes estão se preparando para uma noite de sono, uma vez que o cenário e os trajes dele indicam período noturno.

e) O jovem amante insiste na sedução e, ao mesmo tempo, busca impedir que a jovem fuja.

C5 • H15

15 **ILUMINISMO** – movimento de ideias desenvolvido essencialmente no século 18. [...] Tratava-se de um verdadeiro recenseamento cultural. Finalmente, não parece haver dúvida de que as ideias iluministas tenham influenciado muitas das posições assumidas pelos revolucionários franceses de 1789. [...] Às vésperas da revolução francesa, o homem do século 18, individualista e burguês, concilia a razão com o desejo de ser útil e progressista.

(Antônio Carlos Amaral Azevedo. *Dicionário de nomes, termos e conceitos históricos.* Rio de Janeiro: Nova Fronteira, 1990.)

I. É claro, no verbete, que as ideias dos burgueses cristãos influenciaram a revolução.

II. O texto separa, nitidamente, o "homem individualista" do "homem burguês".

III. A razão e o desejo de ser útil, segundo o texto, são elementos compatíveis.

Estão corretas as afirmações:

a) apenas I.

b) apenas I e II.

c) apenas III.

d) apenas II.

e) nenhuma.

C6 • H18 e C7 • H24

16 Palavra que estive a pique de crer que era vítima de uma grande ilusão, uma fantasmagoria de alucinado; mas a entrada repentina de Ezequiel, gritando: "Mamãe! mamãe! é hora da missa!" restituiu-me à consciência da realidade. Capitu e eu, involuntariamente olhamos para a fotografia de Escobar, e depois um para o outro. Desta vez a confusão dela fez-se confissão pura. Este era aquele; havia por força alguma fotografia de Escobar pequeno que seria o nosso pequeno Ezequiel. De boca, porém não confessou nada; repetiu as últimas palavras, puxou o filho e saíram para a missa.

(Machado de Assis. *Dom Casmurro*. In: *Obra completa*. Rio de Janeiro: Nova Aguilar, 1979.)

O trecho acima pertence a *Dom Casmurro*, obra conhecida pela obsessão do narrador pela ideia de que fora traído. Qual alternativa apresenta a expressão que melhor corresponde a essa ideia do narrador?

a) "Este era aquele"
b) "era vítima de uma grande ilusão"
c) "é hora da missa"
d) "puxou o filho"
e) "olhamos para a fotografia"

Imagem para as questões 17 e 18:

A *vendedora de amores* (1763), de Joseph Vien.

C4 • H12 e H13

17 A cena retratada na tela, vista no conjunto permite, associar a obra ao estilo neoclássico. Atente para as seguintes afirmações a respeito da tela de Vien:

 I. O jogo entre claro e escuro prevalece e o caráter da cena é teocêntrico.
 II. As linhas verticais na parede e as expressões humanas sérias são típicas do Neoclassicismo.
 III. Trajes sóbrios, como o das pessoas à direita e cenário requintado são característicos do Neoclassicismo.

a) Apenas I está correta.
b) I e II estão corretas.
c) Apenas III está correta.
d) II e III estão corretas.
e) Todas estão corretas

C4 • H12 e H13

18 A tela de Vien é do século XVIII. Que aspecto da cena nela retratada sugere a necessidade do produto oferecido pela vendedora?

a) As cores usadas pela pessoa sentada na cadeira, que indicam luto.
b) A feição da pessoa sentada, que indica tristeza, solidão.
c) A nobreza do lugar, que combina com o produto.
d) A posição da vendedora, pois ela indica urgência na venda.
e) A disposição dos móveis, que indica o lugar em que ficarão as estatuetas (os amores).

C6 • H18

19

Moça com brinco de pérola, de Vermeer.

No campo das artes plásticas, as obras do Barroco revelam maior liberdade do que as do Renascimento, o movimento artístico anterior.

Em relação à obra *Moça com brinco de pérola*, de Vermeer (1632-1675), podemos afirmar que o apelo proveniente do conjunto rosto-brinco sobre fundo implica:

a) sedução
b) medo
c) valor (preço)
d) maturidade
e) apreensão

Imagem e texto para as questões 20 e 21:

Futebol (1935), de Candido Portinari.

É uma partida de futebol

Bola na trave não altera o placar

Bola na área sem ninguém pra cabecear

Bola na rede pra fazer o gol

Quem não sonhou em ser um jogador de futebol?

A bandeira no estádio é um estandarte

A flâmula pendurada na parede do quarto

O distintivo na camisa do uniforme

Que coisa linda é uma partida de futebol

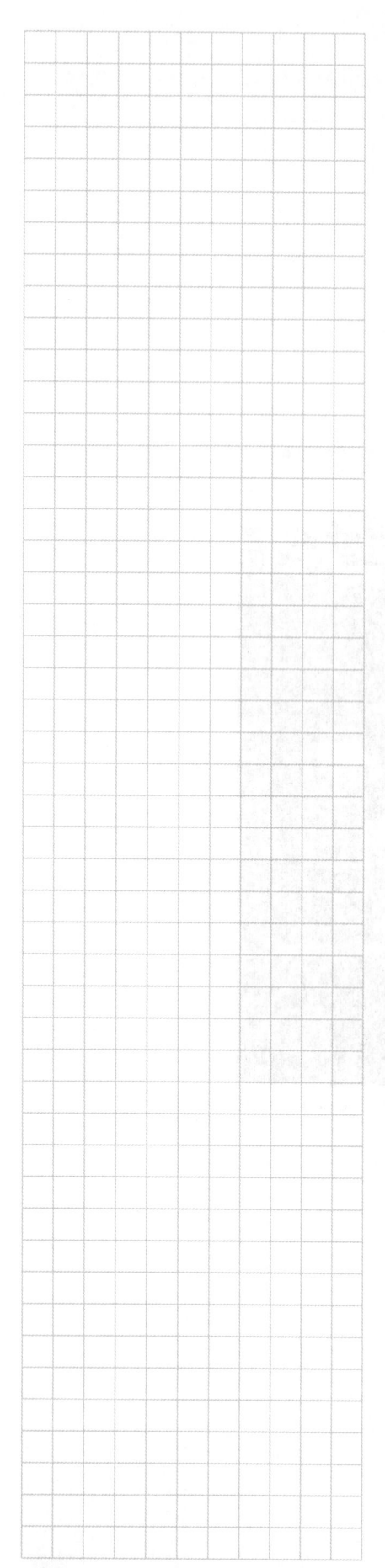

Posso morrer pelo meu time
Se ele perder, que dor, imenso crime
Posso chorar, se ele não ganhar
Mas se ele ganha, não adianta
Não há garganta que não pare de berrar

A chuteira veste o pé descalço
O tapete da realeza é verde
Olhando para bola eu vejo o sol
Está rolando agora, é uma partida de futebol

O meio-campo é lugar dos craques
Que vão levando o time todo pro ataque
O centroavante, o mais importante
Que emocionante, é uma partida de futebol

O meu goleiro é um homem de elástico
Os dois zagueiros têm a chave do cadeado
Os laterais fecham a defesa
Mas que beleza é uma partida de futebol

Bola na trave não altera o placar
Bola na área sem ninguém pra cabecear
Bola na rede pra fazer o gol
Quem não sonhou em ser um jogador de futebol?

(Samuel Rosa e Nando Reis. In: Skank. *O samba Poconé*. Gravadora Sony,1996. Disponível em: http://letras.terra.com.br/skank/36667/)

C4 • H13 e C7 • H22

20 Apesar da distância no tempo, há um diálogo entre as duas obras. Na tela de Portinari é possível supor que quem participa da partida de futebol são crianças. Entre os seguintes versos da canção, quais melhor traduzem a cena apresentada na tela?

a) "Posso morrer pelo meu time"
b) "Não há garganta que não pare de berrar"
c) "Quem não sonhou em ser um jogador de futebol?"
d) "Bola na rede pra fazer o gol"
e) "Olhando para bola eu vejo o sol"

C3 • H11

21 No trabalho de Cândido Portinari (1903–1962), como percebemos que o pintor retrata uma situação de plena interatividade humana, apesar do caráter competitivo?

a) Destaca-se a presença de animais domésticos junto às crianças.

b) As crianças jogam bola e a disputa envolve animais domésticos.

c) A posição das crianças e o campo improvisado revelam integração e cumplicidade.

d) A posição das crianças indica brincadeira de guerra, luta.

e) A representação do ambiente com cemitério e animais se aproxima de uma representação teatral.

Texto para as questões 22, 23 e 24:

Eros e Psique

... E assim vedes, meu Irmão, que as verdades que vos foram dadas no Grau de Neófito, e aquelas que vos foram dadas no Grau de Adepto Menor, são, ainda que opostas, a mesma verdade

DO RITUAL DO GRAU DE MESTRE DO ÁTRIO
NA ORDEM TEMPLÁRIA DE PORTUGAL

Conta a lenda que dormia
Uma Princesa encantada
A quem só despertaria
Um Infante, que viria
De além do muro da estrada.

Ele tinha que, tentado,
Vencer o mal e o bem,
Antes que, já libertado,
Deixasse o caminho errado
Por o que à Princesa vem.

A Princesa Adormecida
Se espera, dormindo espera.
Sonha em morte a sua vida,

E orna-lhe a fronte esquecida,
Verde, uma grinalda de hera.

Longe o Infante, esforçado,
Sem saber que intuito tem,
Rompe o caminho fadado.
Ele dela é ignorado.
Ela para ele é ninguém.

Mas cada um cumpre o Destino —
Ela dormindo encantada,
Ele buscando-a sem tino
Pelo processo divino
Que faz existir a estrada.

E, se bem que seja obscuro
Tudo pela estrada fora,
E falso, ele vem seguro,
E, vencendo estrada e muro,
Chega onde em sono ela mora.

E, inda tonto do que houvera,
À cabeça, em maresia,
Ergue a mão, e encontra hera,
E vê que ele mesmo era
A Princesa que dormia.

(Fernando Pessoa. *Cancioneiro*. In: *Obra poética*.
Rio de Janeiro: Nova Aguilar, 1986.)

C6 • H18

22 Na primeira metade do poema, há uma indicação do que ocorre entre as duas personagens no final da narrativa. Qual é o verso que prenuncia esse evento?

a) "Pelo processo divino"
b) "Uma princesa encantada"
c) "Sonha em morte a sua vida,"
d) "Sem saber que intuito tem,"
e) "Se espera, dormindo espera"

C7 • H24

23 Uma das condições para a ocorrência do evento narrado no final do poema era que o infante vencesse o mal e o bem. Culturalmente, estamos habituados à ideia de derrota do mal. E vencer o bem, o que seria?

C6 • H18

24 A impressão de que a narrativa feita no poema envolve duas personagens é desfeita na última estrofe. Qual é a narrativa que, de fato, o poema faz, conforme mostra o seu final?

_____
_____
_____
_____

C4 • H12 e H13

25 Imagem 1

O pensador (1902), de Auguste Rodin.

Imagem 2

Abaporu (1928), de Tarsila do Amaral.

Representativas de dois diferentes campos das artes plásticas, as duas obras retratadas são de materiais diferentes, de autores diferentes e, além disso, produzidas em países diferentes (a primeira, na França, e a segunda, no Brasil).

a) O que a posição das figuras humanas retratadas nas obras expressa?

_____
_____
_____
_____
_____
_____
_____

b) De que campos das artes plásticas as duas obras são representativas?

_____
_____
_____
_____
_____
_____

Texto para as questões 26 e 27:

Na saga de Portugal, mito e história se mesclam de forma quase indissolúvel. A ancestral tradição céltico-druídica, o paganismo germânico, o misticismo islâmico, as lendas da cavalaria de Carlos Magno, as antigas profecias bíblicas, as fábulas milenaristas, os Templários e sua busca do Santo Graal, o espírito das cruzadas: todos esses ingredientes se mesclaram para fundir a nacionalidade lusitana e modelar seu projeto utópico de conquistar o mundo pela navegação dos mares. A origem etimológica de "Porto Cale" é nebulosa, mas a palavra talvez signifique "Porto da Gália" (ou Porto da França). Para o genial escritor irlandês James Joyce, o país que exportou o modelo europeu para o resto do planeta deveria se chamar "Portocall" — o Porto do Chamamento, cujo sinal seria prontamente atendido pelas demais nações da velha Europa.

(Eduardo Bueno. *A viagem do descobrimento*. Rio de Janeiro: Objetiva, 1998.)

C6 • H18 e C7 • H23

26 No texto do jornalista e pesquisador Eduardo Bueno, três épocas da história do homem são consideradas. Quais são essas épocas e as referências a elas no texto?

a) Idade Média – Carlos Magno / Iluminismo – projeto de conquista do mundo / Antiguidade – navegantes portugueses conquistadores

b) Antiguidade – céltico-druídica e islâmica / Idade Média – cruzadas / Renascimento – navegantes portugueses conquistadores

c) Antiguidade – templários / Idade Média – cruzadas / Iluminismo – projeto de conquista do mundo

d) Renascimento – antigas profecias bíblicas / Era Contemporânea – busca do Santo Graal / Antiguidade – misticismo islâmico

e) Renascimento – lendas de cavalaria / Era Contemporânea – James Joyce / Iluminismo – céltico-druídica

C8 • H27

27 A afirmação, feita no texto, de que a origem da palavra *Porto Calle*, da qual resultou *Portugal*, é "nebulosa", nos leva a entender que tal origem é:

a) esbranquiçada.
b) imprecisa.
c) mentirosa.
d) mítica.
e) política.

C6 • H18

28 Leia o texto, da poetisa Martha Medeiros:

acho que não sou daqui

paro em sinal vermelho

observo os prazos de validade

bato na porta antes de entrar

sei ler, escrever

digo obrigado, com licença
telefono se digo que vou ligar
renovo o passaporte
não engano no troco
até aí tudo bem

mas não sou daqui
também
porque não gosto de samba
de carnaval, de chimarrão
prefiro tênis ao futebol
não sou querida, me atrevo

a cometer duas vezes o mesmo erro
não sou de turma
a cerveja me enjoa
prefiro o inverno
e não me entrego
sem recibo

(Martha Medeiros. *Poesia reunida*.
Porto Alegre: L&PM, 1999.)

O eu lírico apresenta uma lista de atitudes e gostos que o distinguem da maioria das pessoas. Qual verso comprova o sentimento de não integração do eu lírico?

a) até aí tudo bem

b) porque não gosto de samba
c) acho que não sou daqui
d) não engano no troco
e) a cerveja me enjoa

C4 • H12

29

Magali e Mônica de Rosa e Azul, 1989
acrílica sobre tela, 115 X 95 cm

Rosa e Azul, 1881
Auguste Renoir (1841-1919)
óleo sobre tela, 119 X 74 cm
Masp - Museu de Arte de São Paulo
Assis Chateaubriand, São Paulo, Brasil

Para realizar seu desenho, Mauricio de Sousa baseou-se em uma obra conhecida, *Rosa e Azul*, de Auguste Renoir. A partir desse diálogo, podemos concluir que uma obra de arte:

a) é sempre produzida a partir de outra, original.

b) pode ser vítima de plágio.

c) só permite recriações bem-humoradas.

d) só pode ser compreendida a partir de outra.

e) pode estimular a criação de outra obra de arte.

Textos para as questões de 30 a 32:

Texto 1

Sete anos de pastor Jacó servia
Labão, pai de Raquel, serrana bela,
Mas não servia ao pai, servia a ela,
E a ela só por prêmio pretendia.

Os dias, na esperança de um só dia,
Passava, contentando-se com vê-la;
Porém o pai usando de cautela,
Em lugar de Raquel lhe dava Lia.

Vendo o triste pastor que com enganos
Lhe fora assim negada a sua pastora,
Como se a não tivera merecida,

Começa de servir outros sete anos,
Dizendo: — Mais servira, se não fora
Para tão longo amor tão curta a vida

(Luís de Camões. *Rimas*. In: *Obra completa*.
Rio de Janeiro: Nova Aguilar, 1988.)

Texto 2

Não obstante, achei que Capitu estava um tanto impaciente por descer. Concordava em ficar, mas ia falando do pai e de minha mãe, da falta de notícias nossas, disto e daquilo, a ponto que nos arrufamos um pouco. Perguntei-lhe se já estava aborrecida de mim.

— Eu?

— Parece.

— Você há de ser sempre criança, disse ela fechando-me a cara entre as mãos e chegando muito os olhos aos meus. Então eu esperei tantos anos para aborrecer-me em sete dias? Não, Bentinho; digo isto porque é realmente assim, creio que eles podem estar desejosos de ver-nos e imaginar alguma doença, e, confesso, pela minha parte, que queria ver papai.

— Pois vamos amanhã.

— Não; há de ser com tempo encoberto, redarguiu rindo.

Peguei-lhe no riso e na palavra, mas a impaciência continuou, e descemos com sol. A alegria com que pôs o seu chapéu de casada, e o ar de casada com que me deu a mão para entrar e sair do carro, e o braço para andar na rua, tudo me mostrou que a causa da impaciência de Capitu eram os sinais exteriores do novo estado. Não lhe bastava ser casada entre quatro paredes e algumas árvores; precisava do resto do mundo também.

(Machado de Assis. *Dom Casmurro*. In: *Obra completa*. Rio de Janeiro: Nova Aguilar, 1979.)

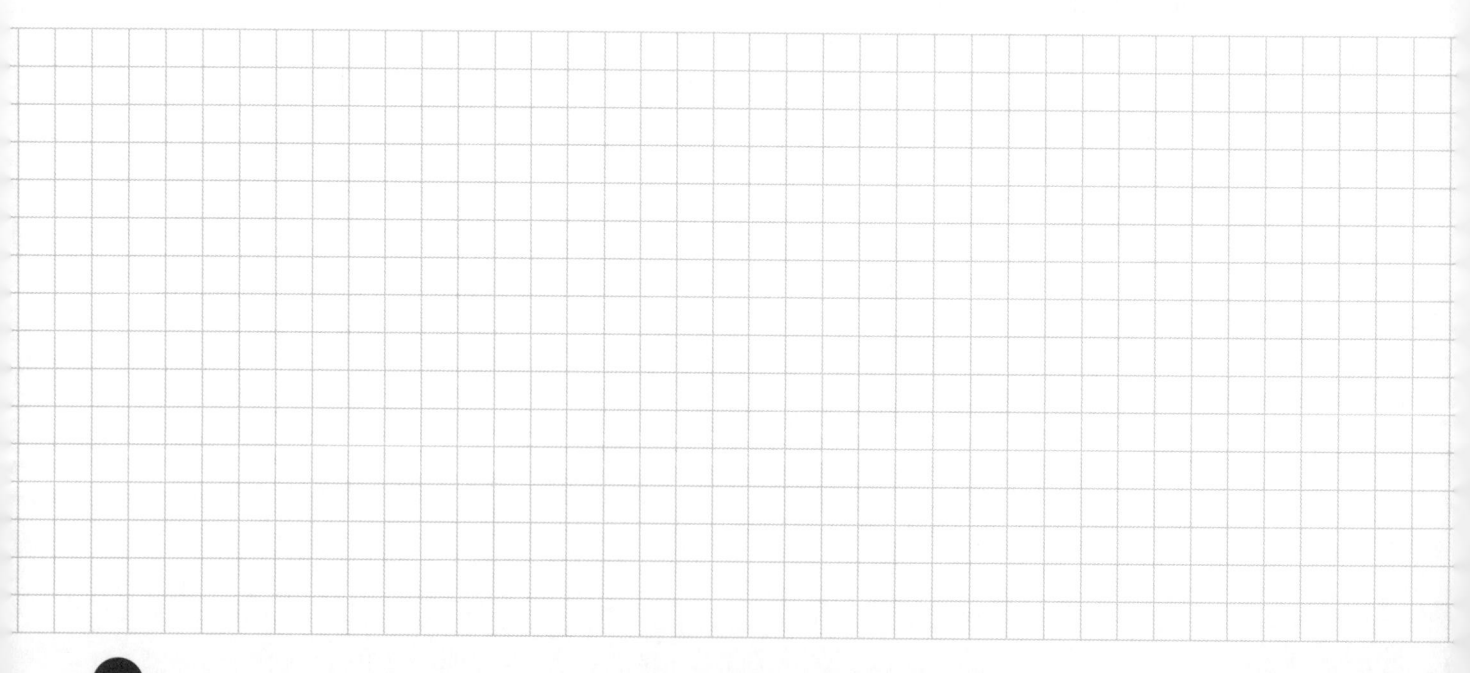

C4 • H13 e C5 • H15

30 Sabe-se que o período renascentista valorizou o antropocentrismo e a razão. No texto 1, contudo, vemos que o soneto camoniano (século XVI) parte de uma crença cristã, presente na Bíblia. Assinale a alternativa que melhor esclarece a aparente contradição.

a) O Velho Testamento é tema que ajudou a instalar o estilo renascentista, nos séculos XV e XVI.

b) Apesar da fonte religiosa, o assunto é lírico-amoroso, marca típica do Renascimento.

c) Independentemente da fonte, o assunto é tratado de forma humanizada, expondo o dilema do homem universal.

d) O século XVI, em Portugal, é sabidamente teocentrista, uma vez que lá predominou o sebastianismo.

e) Teocentrismo e antropocentrismo nunca se opuseram no Renascimento.

C4 • H13

31 Na última frase do texto 2, Bento faz um comentário a respeito do comportamento de Capitu. Pelo trecho todo, é possível crer que o narrador se deu por satisfeito diante das respostas de sua esposa? Por quê?

C5 • H16 e H17

32 Os dois textos foram produzidos em épocas e locais diferentes. Contudo, o tema parece aproximá-los. Assinale a alternativa que indica o que têm em comum.

a) Tanto Lia quanto Capitu foram figuras renegadas pelos seus amantes.

b) O ciúme é o tema comum a ambos os textos.

c) A espera pela união aproxima um texto do outro.

d) Jacó e Bentinho sofreram com a morte de suas esposas.

e) Em ambos os casos os casamentos duraram sete anos e foram malsucedidos.

Texto para as questões 33 e 34:

O operário em construção

E o Diabo, levando-o a um alto monte, mostrou-lhe num momento de tempo todos os reinos do mundo. E disse-lhe o Diabo: — Dar-te-ei todo este poder e a sua glória, porque a mim me foi entregue e dou-o a quem quero; portanto, se tu me adorares, tudo será teu. E Jesus, respondendo, disse-lhe: — Vai-te, Satanás; porque está escrito: adorarás o Senhor teu Deus e só a Ele servirás.

Lucas, Cap. V, vs. 5-8.

Era ele que erguia casas
Onde antes só havia chão.
Como um pássaro sem asas
Ele subia com as casas
Que lhe brotavam da mão.
Mas tudo desconhecia

De sua grande missão:
Não sabia, por exemplo
Que a casa de um homem é um templo
Um templo sem religião
Como tampouco sabia
Que a casa que ele fazia
Sendo a sua liberdade
Era a sua escravidão.
De fato, como podia
Um operário em construção
Compreender por que um tijolo
Valia mais do que um pão?
Tijolos ele empilhava
Com pá, cimento e esquadria
Quanto ao pão, ele o comia...
Mas fosse comer tijolo!
E assim o operário ia
Com suor e com cimento
Erguendo uma casa aqui
Adiante um apartamento
[...]
Mas ele desconhecia
Esse fato extraordinário:
Que o operário faz a coisa
E a coisa faz o operário.
De forma que, certo dia
À mesa, ao cortar o pão
O operário foi tomado

De uma súbita emoção
Ao constatar assombrado
Que tudo naquela mesa
— Garrafa, prato, facão —
Era ele quem os fazia
Ele, um humilde operário,
Um operário em construção.
Olhou em torno: gamela
Banco, enxerga, caldeirão
Vidro, parede, janela
Casa, cidade, nação!
Tudo, tudo o que existia
Era ele quem o fazia
Ele, um humilde operário
Um operário que sabia
Exercer a profissão. [...]

(Vinícius de Morais. *Obra completa*.
Rio de Janeiro: Nova Aguilar, 1986.)

C5 • H15 e H17

33 Um dos pilares do pensamento socialista era a denúncia da alienação produzida pelo trabalho no modo de produção capitalista. De acordo com esse pensamento, quem vende sua força de trabalho acaba por perder a noção da realidade e de si mesmo. No poema, qual verso melhor registra o instante em que o operário toma consciência de sua importância social?

a) "Era a sua escravidão."
b) "Mas ele desconhecia"
c) "Ao constatar assombrado"
d) "Ele, um humilde operário,"
e) "Como um pássaro sem asas"

C5 • H17

34 Ao final da leitura do poema, concluímos que, ao longo dos versos, há mais do que prédios ou casas em "construção". Afinal, o que também se constrói no poema?

a) oração e insubordinação
b) identidade e arte
c) rebeldia e fé
d) sedução e socialismo
e) arte e riqueza

C4 • H12 e C7 • H22

35

Saudade (1899), de Almeida Júnior.

Minha musa é a lembrança

Dos sonhos em que eu vivi,

É de uns lábios a esperança

E a saudade que eu nutri!

É a crença que alentei,

As luas belas que amei,

E os olhos por quem morri!

(Álvares de Azevedo. Minha musa. *Lira dos vinte anos*. In: *Obra completa*. Rio de Janeiro: Nova Aguilar, 2000.)

A tela de Almeida Júnior e os versos de Álvares de Azevedo têm em comum:

a) o caráter místico.

b) o apelo sensual.

c) a tristeza.

d) a morbidez.

e) a valorização da vida rústica.

C5 • H15 e C6 • H18

36 Leia o poema, de Carlos Drummond de Andrade:

O medo

> "Porque há para todos nós um problema sério...
> Este problema é o do medo."
>
> (Antônio Cândido, *Plataforma de uma geração*)

Em verdade temos medo.
Nascemos escuro.
As existências são poucas:
Carteiro, ditador, soldado.
Nosso destino, incompleto.

E fomos educados para o medo.
Cheiramos flores de medo.
Vestimos panos de medo.
De medo, vermelhos rios
vadeamos.

Somos apenas uns homens
e a natureza traiu-nos.
Há as árvores, as fábricas,
doenças galopantes, fomes.

Refugiamo-nos no amor,
este célebre sentimento,
e o amor faltou: chovia,
ventava, fazia frio em São Paulo.

Fazia frio em São Paulo...
Nevava.
O medo, com sua capa,
nos dissimula e nos berça.

Fiquei com medo de ti,
meu companheiro moreno.
De nós, de vós: e de tudo.
Estou com medo da honra.

[...]

(Carlos Drummond de Andrade. *Nova reunião*.
Rio de Janeiro: José Olympio, 1987.)

O poema "O medo" foi produzido e publicado no contexto da Segunda Guerra Mundial. Que saída (definitiva ou não) o eu lírico vislumbra para o medo, sentimento que é o tema do poema?

a) as árvores
b) o amor
c) a neve
d) o destino
e) as flores

C4 • H12 e C7 • H22

37 Texto 1

(Laerte. *Folha de S. Paulo*, 2006.)

Texto 2

Hino à razão

Razão, irmã do Amor e da Justiça,
Mais uma vez escuta a minha prece.
É a voz dum coração que te apetece,
Duma alma, livre, só a ti submissa.

Por ti é que a poeira movediça
De astros e sóis e mundos permanece;
E é por ti que a virtude prevalece,
E a flor do heroísmo medra e viça.

Por ti, na arena trágica, as nações
Buscam a liberdade, entre clarões;
E os que olham o futuro e cismam, mudos,

Por ti, podem sofrer e não se abatem,
Mãe de filhos robustos, que combatem
Tendo o teu nome escrito em seus escudos!

(Antero de Quental. *Sonetos*. Imprensa Nacional: Lisboa, 1994.)

Antero de Quental, citado no texto 1 e autor do texto 2, é considerado o iniciador do movimento realista luso.

a) Em que medida, o soneto "Hino à razão" mostra oposição ao estilo romântico?

b) Em que consiste o humor na tira do cartunista Laerte?

Textos para as questões 38, 39 e 40:

Texto 1

A Carolina

Querida, ao pé do leito derradeiro
Em que descansas dessa longa vida,
Aqui venho e virei, pobre querida,
Trazer-te o coração do companheiro.

Pulsa-lhe aquele afeto verdadeiro
Que, a despeito de toda a humana lida,
Fez a nossa existência apetecida
E num recanto pôs um mundo inteiro.

Trago-te flores, — restos arrancados
Da terra que nos viu passar unidos
E ora mortos nos deixa e separados.

Que eu, se tenho nos olhos malferidos
Pensamentos de vida formulados,

são pensamentos idos e vividos.

(Machado de Assis. In: *Toda poesia de Machado de Assis*. São Paulo: Record, 2008.)

Texto 2

Alma minha gentil, que te partiste
Tão cedo desta vida, descontente,
Repousa lá no Céu eternamente
E viva eu cá na terra sempre triste.

Se lá no assento etéreo, onde subiste,
Memória desta vida se consente,
Não te esqueças daquele amor ardente
Que já nos olhos meus tão puro viste.

E se vires que pode merecer-te
Algua cousa a dor que me ficou
Da mágoa, sem remédio, de perder-te,

Roga a Deus, que teus anos encurtou,
Que tão cedo de cá me leve a ver-te,
Quão cedo de meus olhos te levou.

(Luís de Camões. *Rimas*. In: *Obra completa*.
Rio de Janeiro: Nova Aguilar, 1988.)

C5 • H16

38 Os sonetos pertencem, respectivamente, ao Realismo e ao Renascimento. Embora distantes trezentos anos um do outro, eles permitem estabelecer algumas aproximações. Qual alternativa melhor expõe tais semelhanças?

a) versos brancos e platonismo amoroso
b) forma fixa e caráter lírico
c) forma fixa e caráter satírico
d) linguagem coloquial e teor lírico
e) versos livre e saudosismo

C6 • H18 e C7 • H22

39 No texto 1, o eu lírico busca um alívio para a ausência física da amada, aproximando-se do túmulo em que ela se encontra. No texto 2, qual recurso busca o eu lírico para se reaproximar de sua musa?

a) Valoriza a tristeza.
b) Pede a Deus que a traga de volta.
c) Deseja a própria morte.
d) Pede à amada que volte.
e) Deseja a solidão

C5 • H16 e C7 • H22

40 Os dois poemas apresentam eufemismos para a ideia de morte, falecimento ou túmulo. Quais termos correspondem a essa figura de linguagem no soneto de Machado de Assis e no de Camões, respectivamente?

a) "afeto verdadeiro" e "amor ardente"
b) "descansas" e "alma minha gentil"
c) "restos arrancados" e "descontente"
d) "ora mortos" e "sempre triste"
e) "leito derradeiro" e "repousa"

Veja uma foto do *Monumento às bandeiras*, de Victor Brecheret, e leia dois textos que dão explicações sobre a obra. A seguir responda às questões 41 e 42.

Monumento às Bandeiras — Uma das maiores esculturas do mundo e considerada um marco da cidade, a obra do escultor Victor Brecheret é uma homenagem aos bandeirantes paulistas que estenderam as fronteiras brasileiras e desbravaram os sertões nos séculos 17 e 18. A obra foi inaugurada no dia 25 de janeiro de 1953 como parte das comemorações do 399º aniversário de São Paulo

(http://www.saopaulo.sp.gov.br/conhecasp/turismo_monumentos_bandeiras)

Autoria: Victor Brecheret (n. Itália, 1894 - São Paulo-SP, 1955)
Dimensões: peça — granito 5,15 x 8,30 x 39,31 m
Data de instalação: 1953
Localização: praça Armando de Salles Oliveira (Ibirapuera)

C4 • H12

41 Com base na imagem mostrada na foto e nos textos lidos, podemos afirmar que a obra *Monumento às bandeiras*:

a) tem caráter político e homenageia a cidade de São Paulo.

b) tem caráter histórico e também estético.

c) apresenta uma visão crítica da colonização, expressa pela postura dos animais.

d) com os cavalos à frente, é uma nítida homenagem ao homem do campo.

e) tem conotação histórica e religiosa.

C4 • H13

42 O título da obra de Brecheret, *Monumento às bandeiras*, faz pensar em bandeiras de pano, simbolizando algum país ou alguma organização, civil ou militar. Esse tipo de bandeira, no entanto, não é visto na obra. Isso acontece porque:

a) as bandeiras são o manto dos cavaleiros que aparecem à frente.

b) o termo *bandeiras* é uma referência aos bandeirantes do Brasil colonial.

c) o termo *bandeiras* é uma metáfora para a cavalaria que existiu no Brasil imperial.

d) o termo *bandeiras* é uma referência à comunidade indígena, representada ao fundo, na escultura.

e) o monumento é uma homenagem aos desbravadores espanhóis da época do Império no Brasil.

Texto para as questões 43 e 44:

ENCONTRA DOIS HOMENS CARREGANDO UM DEFUNTO NUMA REDE,

AOS GRITOS DE: "Ó IRMÃOS DAS ALMAS! IRMÃOS DAS ALMAS!

NÃO FUI EU QUE MATEI NÃO!"

— A quem estais carregando,

irmãos das almas,

embrulhado nessa rede?

dizei que eu saiba.

— A um defunto de nada,
irmão das almas,
que há muitas horas viaja
à sua morada.
— E sabeis quem era ele,
irmãos das almas,
sabeis como ele se chama
ou se chamava?
— Severino Lavrador,
irmão das almas,
Severino Lavrador,
mas já não lavra.

— E de onde que o estais trazendo,
irmãos das almas,
onde foi que começou
vossa jornada?
— Onde a Caatinga é mais seca,
irmão das almas,
onde uma terra que não dá
nem planta brava.
— E foi morrida essa morte,
irmãos das almas,
essa foi morte morrida
ou foi matada?
— Até que não foi morrida,
irmão das almas,
esta foi morte matada,
numa emboscada.

(João Cabral de Melo Neto. *Obra completa*.
Rio de Janeiro: Nova Aguilar, 1994.)

C5 • H15

43 O texto é um trecho de *Morte e vida severina*, de 1956, auto de Natal em que é contada a história de Severino, um retirante que parte do sertão de Pernambuco para Recife, em busca de uma situação melhor para viver. No caminho, o sertanejo vai encontrando outros tantos Severinos e tomando conhecimento de suas vidas sofridas.

Em qual verso é possível notar que o poeta faz referência ao sertão do Nordeste?

a) "Onde a Caatinga é mais seca,"
b) "embrulhado nessa rede?"
c) "Até que não foi morrida,"
d) "irmãos das almas"
e) "que há muitas horas viaja"

C8 • H25

44 No contexto do poema, qual é o sentido da expressão "morte morrida"?

a) assassinato
b) acidente
c) morte natural
d) suicídio
e) loucura

C6 • H18

45 Leia:

Morrer não é problema. O terrível é quando a morte te faz contar dez, nove, oito, sete, seis, cinco, as doenças sem cura, os aviões que têm as turbinas quebradas, quatro, três, dois, cair, cair, cair, até atingir o mar e explodir, foi isso o que fiz com Ezequiel. Errei, a vida inteira tinha sido assim, errar, largar coisas pela metade, fazer malfeito, errar. Nunca consegui aprender matemática. Nem química. Nunca entendi as palavras que eles usam nos jornais. Viviam desenhando orelhas de burro nas capas dos meus cadernos [...].

(Patrícia Melo. *O matador*. Rio de Janeiro: Rocco, 2009.)

No romance *O matador*, do qual faz parte o texto lido, o narrador, Máiquel, torna-se matador de aluguel. Com base nesse fato, indique o sentido da enumeração, no trecho reproduzido quando o narrador afirma que o terrível de morrer é quando a morte "te faz contar dez, nove, oito, sete, seis, cinco".

a) criação de expectativa quanto ao que pode vir a acontecer
b) oportunidade de eliminar o medo
c) perspectiva de não errar
d) vontade de morrer
e) possibilidade de aprender mais

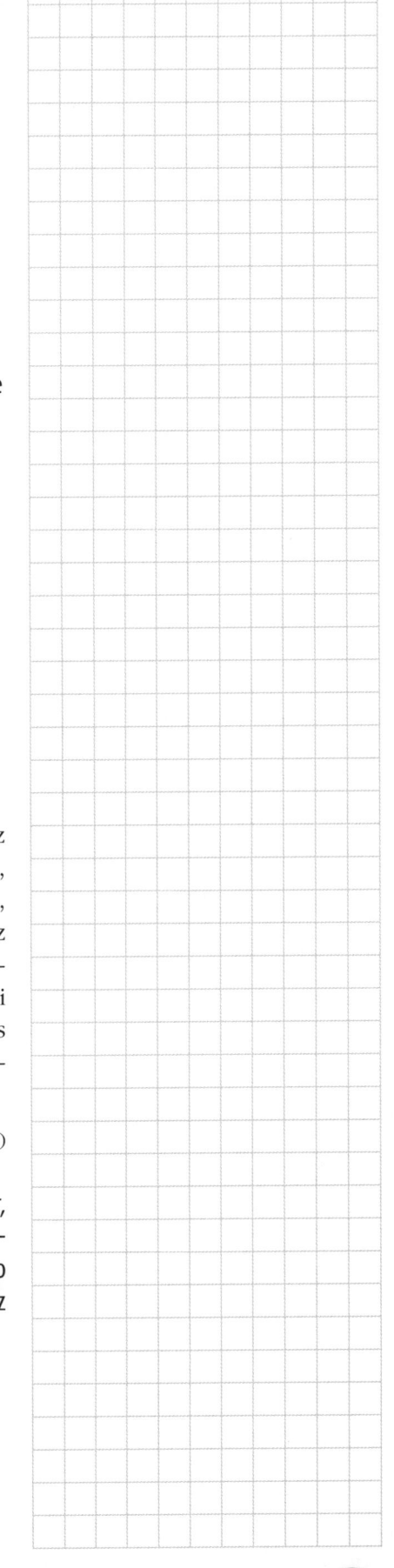

C6 • H18

46 No poema a seguir é relatada uma conversa entre duas moças, que falam sobre o casamento de uma delas.

O bom marido

Nunca vou esquecer a palavra ingrediente
no plural.
À tarde, Arabela conversava
com Teresa, na sala de visitas.
Passei perto, ouvi:
— Custódio tem todos os ingredientes
para ser bom marido.
Se me pedir a mão, papai não nega.

— Quais são os ingredientes?
a outra lhe pergunta.
Arabela sorri, sem responder.
Guardo a palavra com cuidado,
corro ao dicionário:
continua o mistério.

(Carlos Drummond de Andrade. In: *Nova reunião*.
Rio de Janeiro: José Olympio, 1987.)

O "mistério" a que se refere o eu lírico, no poema, diz respeito a:

a) quem seria o marido.
b) aceitação ou não, pelo pai de Arabela, do pedido de casamento.
c) o que significa "bom", no título.
d) o significado de "ingredientes".
e) quando Custódio pedirá a mão da moça.

C4 • H12

47 No livro *A arte secreta de Michelangelo* (São Paulo: ARX Editora, 2004), Gilson Barreto e Marcelo Oliveira, seus autores, afirmam que, no quadro reproduzido abaixo, o manto de Deus é referência ao cérebro humano. Segundo eles, traços como esses constituem verdadeiras aulas de anatomia, encontradas também em outras pinturas de Michelangelo.

Dia da criação, de Michelangelo Buonarotti.

Com base na informação anterior e também em seus conhecimentos sobre o período renascentista (época de que data o trabalho do artista), indique a alternativa que expressa um dos possíveis sentidos para a inclusão desse "cérebro" na obra *Dia da criação*.

a) valorização da razão e do antropocentrismo
b) destaque para a vitória do teocentrismo
c) homenagem ao manto papal
d) reprodução de uma cena de batalha
e) necessidade de cobrir o nu

C5 • H15

48

Vagabundo

*Eat, drink and love; what can
the rest avail us?...*

(Byron)

Eu durmo e vivo ao sol como um cigano,
Fumando meu cigarro vaporoso;
Nas noites de verão namoro estrelas;
Sou pobre, sou mendigo e sou ditoso!

Ando roto, sem bolsos, nem dinheiro,
Mas tenho na viola uma riqueza:
Canto à lua de noite serenatas,
E quem vive de amor não tem pobreza.

[...]

Tenho por meu palácio as longas ruas;
Passeio a gosto e durmo sem temores;
Quando bebo, sou rei como um poeta,
E o vinho faz sonhar com os amores.

O degrau das igrejas é meu trono
Minha pátria é o vento que respiro
[...]

[...]

Ora, se por aí alguma bela
Bem doirada e amante da preguiça
Quiser a nívea mão unir à minha,
Há de achar-me na Sé, domingo, à Missa.

(Álvares de Azevedo. *Lira dos vinte anos*.
São Paulo: FTD, 1994.)

O poema "Vagabundo", romântico, descreve a vida do eu lírico. Apesar de não ter emprego nem dinheiro, o eu lírico que nele se expressa parece viver feliz. Explique o conceito de felicidade adotado no poema.

_____
_____
_____
_____

C5 • H16

49 Leia o poema, de Augusto dos Anjos:

O deus-verme

Fator universal do transformismo,
Filho da teleológica matéria,
Na superabundância ou na miséria,
Verme — é o seu nome de batismo.

Jamais emprega o acérrimo exorcismo
Em sua diária ocupação funérea,
E vive em contubérnio com a bactéria,
Livre das roupas do antropomorfismo.

Almoça a podridão das drupas agras,
Janta hidrópicos, rói vísceras magras
E dos defuntos novos incha a mão...

Ah! Para ele é que a carne podre fica,
E no inventário da matéria rica
Cabe aos seus filhos a maior porção!

(Augusto dos Anjos. *Obra completa*.
Rio de Janeiro: Nova Aguilar, 1995.)

A poesia de Augusto dos Anjos (1884-1914), identificada como pré-modernista, revela influência de outros estilos como, o Naturalismo e o Simbolismo. Identifique, nas alternativas abaixo, o verso que melhor representa cada uma dessas escolas.

a) Ah! Para ele é que a carne podre fica / Filho da teleológica matéria
b) Verme — é o seu nome de batismo / Almoça a podridão das drupas agras
c) E dos defuntos novos incha a mão... / Ah! Para ele é que a carne fica
d) Almoça a podridão das drupas agras / Verme — é o seu nome de batismo
e) Livre das roupas do antropomorfismo / E dos defuntos novos incha a mão

C6 • H18

50 Leia o soneto a seguir, do poeta baiano Pedro Kilkerry (1885-1917).

Cetáceo

Fuma. É cobre o zênite. E, chagosos no flanco,
Fuga e pó, são corcéis de anca na atropelada.
E tesos no horizonte, a muda cavalgada.
Coalha bebendo o azul um largo voo branco.

Quando e quando esbagoa ao longe uma enfiada
De barcos em betume indo as proas de arranco.
Perto uma janga embala um marujo no banco
Brunindo ao sol brunida a pele atijolada.

Tine em cobre o zênite e o vento arqueja e o oceano
Longo enfoca-se a vez e vez e arrufa,
Como se a asa que o roce ao côncavo de um pano.

E na verde ironia ondulosa de espelho
Úmida raiva iriando a pedraria. Bufa
O cetáceo a escorrer d'água ou do sol vermelho.

(In: Augusto de Campos. *ReVisão de Kilkerry*.
São Paulo: Brasiliense, 1985.)

Uma das marcas do estilo simbolista de Kilkerry é a sonoridade, aliada à musicalidade, nos versos. Assinale a alternativa que apresenta essa característica.

a) Fuma. É cobre o zênite. E, chagosos no flanco / Perto de uma janga embala um marujo no banco

b) Coalha bebendo o azul num largo voo branco / E na verde ironia ondulosa de espelho

c) Como se a asa que o roce ao côncavo de um pano / Úmida raiva iriando a pedraria. Bufa

d) Quando e quando esbagoa ao longe uma enfiada / Brunindo ao sol brunida a pele atijolada

e) Fuga e pó, são corcéis de anca na atropelada / Tine em cobre o zênite e o vento arqueja e o oceano

C5 • H15 e H16

51 O uso da descrição, a erudição e a subjetividade são marcas da produção de poetas como Mário Pederneiras e Alphonsus de Guimaraens. Essas características podem ser encontradas, de maneira marcante, no:

a) Parnasianismo
b) Modernismo
c) Pré-Modernismo
d) Simbolismo
e) Expressionismo

Texto para as questões 52, 53, e 54:

A quinta história

Esta história poderia chamar-se "As Estátuas". Outro nome possível é "O Assassinato". E também "Como Matar Baratas". Farei então pelo menos três histórias, verdadeiras porque nenhuma delas mente a outra. Embora uma única, seriam mil e uma, se mil e uma noites me dessem.

A primeira, "Como Matar Baratas", começa assim: queixei-me de baratas. Uma senhora ouviu-me a queixa. Deu-me a receita de como matá-las. Que misturasse em partes iguais açúcar, farinha e gesso. A farinha e o açúcar as atrairiam, o gesso esturricaria o de-dentro delas. Assim fiz. Morreram.

A outra história é a primeira mesmo e chama-se "O Assassinato". Começa assim: queixei-me de baratas. Uma senhora ouviu-me. Segue-se a receita. E então entra o assassinato. A verdade é que só em abstrato me havia queixado de baratas, que nem minhas eram: pertenciam ao andar térreo e escalavam os canos do edifício até o nosso lar. Só na hora de preparar a mistura é que elas se tornaram minhas também. Em nosso nome, então, comecei a medir e pesar ingredientes numa concentração um pouco mais intensa. [...]

A terceira história que ora se inicia é a das "Estátuas". Começa dizendo que eu me queixara de baratas. Depois vem a mesma senhora. Vai indo até o ponto em que, de madrugada, acordo e ainda sonolenta atravesso a cozinha. Mais sonolenta que eu está a área na sua perspectiva de ladrilhos. E na escuridão da aurora, um arroxeado que distancia tudo, distingo a meus pés sombras e brancuras: dezenas de estátuas se espalham rígidas. As baratas que haviam endurecido de dentro para fora. [...] Da história anterior canta o galo.

A quarta narrativa inaugura nova era no lar. Começa como se sabe: queixei-me de baratas. Vai até o momento em que vejo os monumentos de gesso. Mortas, sim. [...] Eu iria então renovar todas as noites o açúcar letal? como quem já não dorme sem a avidez de um rito. [...] Áspero instante de escolha entre dois caminhos que, pensava eu, se dizem adeus, e certa de que qualquer escolha seria a do sacrifício: eu ou minha alma. Escolhi. E hoje ostento secretamente no coração uma placa de virtude: "Esta casa foi dedetizada".

A quinta história chama-se "Leibnitz e a Transcendência do Amor na Polinésia". Começa assim: queixei-me de baratas.

(Clarice Lispector. *Felicidade clandestina*. Rio de Janeiro: Rocco, 1998.)

C5 • H16 e C6 • H18

52 Em "A quinta história", é possível identificar outro gênero, além daquele que estrutura toda a narrativa, o conto. Identifique esse gênero nas alternativas abaixo.

a) epistolar

b) receita

c) notícia

d) resenha

e) crônica

C6 • H18 e H19

53 O texto de Clarice Lispector apresenta uma sequência de diferentes modos de contar um fato. Esse processo é conhecido como metalinguagem. Confira, nas alternativas abaixo, aquela que melhor ilustra essa definição.

a) Que misturasse em partes iguais açúcar, farinha e gesso.
b) Depois vem a mesma senhora.
c) [...] comecei a medir e pesar ingredientes [...]
d) A verdade é que só em abstrato me havia queixado de baratas [...]
e) Farei então pelo menos três histórias [...]

C4 • H12 e C5 • H16

54 Considerando a maneira como o texto se encerra, é possível inferir várias possibilidades de continuidade, como se o tema "matar baratas" fosse uma fonte para outras histórias. Partindo dessa observação e da reflexão suscitada pelo conto, qual seria a função do escritor?

_____
_____
_____
_____
_____

C6 • H18

55 Leia o seguinte trecho do romance *Budapeste*, de Chico Buarque:

[...] No princípio ela até gostou, ficou lisonjeada quando eu lhe disse que estava escrevendo um livro nela. Depois deu pra ter ciúme, deu pra me recusar seu corpo, disse que eu só a procurava a fim de escrever nela, e o livro ia pelo sétimo capítulo quando ela me abandonou. Sem ela, perdi o fio do novelo, voltei ao prefácio, meu conhecimento da língua regrediu, pensei até em largar tudo e ir embora para Hamburgo. Passava os dias catatônico diante de uma folha de papel em branco, eu tinha me viciado em Teresa. Experimentei escrever alguma coisa em mim mesmo, mas não era tão bom, então fui a

Copacabana procurar as putas. Pagava para escrever nelas, e talvez lhes pagasse além do devido, pois elas simulavam orgasmos que me roubavam toda a concentração. [...]

(Chico Buarque. *Budapeste*. São Paulo: Cia. das Letras, 2004.)

De modo inusitado, a narrativa relata a tentativa, feita pelo personagem-narrador, de produzir um livro escrevendo no corpo de uma mulher. Se mulheres podem equivaler a folhas de papel, o ato de escrever equivaleria a quê?

a) fotografar
b) despir
c) amar
d) odiar
e) plantar

O texto que segue é de Mário Faustino, poeta que viveu de 1930 a 1962. Leia-o e responda às questões 56 e 57.

Soneto antigo

Esse estoque de amor que acumule
Ninguém veio comprar a preço justo.
Preparei meu castelo para um rei
Que mal me olhou, passando, e a quanto custo.

Meu tesouro amoroso há muito as traças
Comeram, secundadas por ladrões.
A luz abandonou as ondas lassas
De refletir um sol que só se põe

Sozinho. Agora vou por meus infernos
Sem fantasma buscar entre fantasmas.
E marcho contra o vento, sobre eternos

Desertos sem retorno, onde olharás
Mas sem o ver, estrela cega, o rastro
Que até aqui deixei, seguindo um astro.

(In: Benedito Nunes, org. *Os melhores poemas de Mário Faustino*. São Paulo: Global. p. 44.)

C6 • H18

56 A presença, no poema, de expressões como "fantasmas", "traças comeram", "ladrões" e "desertos sem retorno" nos levam a inferir que o tema do poema é:
a) paixão.
b) arte.
c) solidão.
d) morte.
e) a própria poesia.

C6 • H18

57 Na terceira estrofe do poema, o eu lírico afirma: "Agora vou por meus infernos". Contudo, em outro momento, ele se refere a um lugar diferente, de sentido oposto a "inferno". Que expressão representa a oposição a "infernos"?
a) "vento"
b) "Desertos"
c) "castelo"
d) "sol que só se põe"
e) "entre fantasmas"

O soneto seguinte é de Gregório de Matos, poeta que viveu de 1633 a 1696. Leia-o e responda às questões 58 e 59.

ACHANDO-SE UM BRAÇO PERDIDO DO MENINO DEUS DE N. S. DAS MARAVILHAS, QUE DESTACARAM INFIÉIS NA SÉ DA BAHIA

Soneto

O todo sem a parte não é todo;
A parte sem o todo não é parte;
Mas se a parte o faz todo, sendo parte,
Não se diga que é parte, sendo todo.

Em todo o sacramento está Deus todo,
E todo assiste inteiro em qualquer parte,
E feito em partes todo em toda a parte,
Em qualquer parte sempre fica todo.

O braço de Jesus não seja parte,
Pois que feito Jesus em partes todo,
Assiste cada parte em sua parte.

Não se sabendo parte deste todo,
Um braço que lhe acharam, sendo parte,
Nos diz as partes todas deste todo.

(Gregório de Matos. *Poemas escolhidos*. São Paulo: Cultrix, 1976.)

C7 • H24

58 Leia com atenção as afirmações abaixo:

I. O soneto valoriza cada parte do corpo inteiro de Cristo.

II. O poeta considera sagrado apenas o corpo inteiro e não as partes.

III. O texto é satírico e humaniza a figura divina de Cristo.

Assinale a alternativa correta a respeito das afirmações:

a) apenas I está correta.
b) apenas II está correta.
c) todas estão corretas.
d) apenas I e II estão corretas.
e) apenas III está correta.

C5 • H16 e H17

59 A discussão a respeito da relação entre "todo" e "parte" feita no poema é motivada por um ato praticado por "infiéis". Qual conclusão sobre essa relação é apresentada no final do poema? Que versos melhor correspondem a essa conclusão?

_____
_____
_____
_____
_____
_____

Leia o poema a seguir, de Gonçalves Dias (1823-1864), e depois responda às questões 60 e 61.

A minha Musa

Minha Musa não é como ninfa
Que se eleva das águas — gentil —
Co'um sorriso nos lábios mimosos,
Com requebros, com ar senhoril.

Nem lhe pousa nas faces redondas
Dos fagueiros anelos a cor;
Nesta terra não tem uma esp'rança,
Nesta terra não tem um amor.

Como fada de meigos encantos,
Não habita um palácio encantado,
Quer em meio de matas sombrias,
Quer à beira do mar levantado.

Não tem ela uma senda florida,
De perfumes, de flores bem cheia,
Onde vague com passos incertos,
Quando o céu de luzeiros se arreia.

Não é como a de Horácio a minha Musa;
Nos soberbos alpendres dos Senhores
Não é que ela reside;
Ao banquete do grande em lauta mesa,
Onde gira o falerno em taças d'oiro,
Não é que ela preside.

Ela ama a solidão, ama o silêncio,
Ama o prado florido, a selva umbrosa
E da rola o carpir.
Ela ama a viração da tarde amena,
O sussurro das águas, os acentos
De profundo sentir.
[...]

(Gonçalves Dias. *Poesia e prosa completas*. Rio de Janeiro: Nova Aguilar, 1998.)

C5 • H16

60 O poema tem um caráter descritivo e compara duas musas. Nessa comparação, pode-se identificar a postura romântica de aproximar a literatura da vida burguesa vigente. Assinale a alternativa cujo verso denuncia essa postura:

a) Co'um sorriso nos lábios mimosos

b) Ela ama a solidão, ama o silêncio

c) Não habita um palácio encantado

d) Nesta terra não tem um amor

e) Não tem ela uma senda florida

C4 • H12

61 Na comparação entre as figuras femininas, qual é a razão da preferência do eu lírico pela sua musa?

a) A primeira musa pertence ao mundo do sonho, enquanto a outra está morta.

b) A primeira musa é a de "Horácio", uma "ninfa", enquanto a outra vive nos campos.

c) A musa do eu lírico tem sentimento, enquanto a outra é distante e idealizada.

d) A musa descartada é figura triste, gosta da natureza, enquanto a musa do eu lírico é uma ninfa.

e) A musa do eu lirico é simples e gosta de palácios e banquetes, enquanto a outra prefere os sons da natureza.

Leia os versos a seguir, de Severino Gonçalves de Oliveira (1908-1953), também conhecido como Cirilo, autor de literatura de cordel, e a letra de uma canção de Chico Buarque e depois responda às questões de 62 a 64.

A vitória do príncipe Roldão no Reino do Pensamento

Neste livro que se vê
Um drama misterioso
Do rei mais criativo
Hospitaleiro e bondoso
Pai de dois filhos solteiros
Um justo outro orgulhoso

Esse rei era viúvo
Mas vivia alegremente
Um dia, pela manhã,
Sem esperar, de repente
Deu-lhe uma dor de cabeça,
Cegou instantaneamente

[...]

Roldão, o filho mais moço,
Também disse nessa hora:
— Eu amanhã vou seguir
Por este mundão afora...
Vou arrumar um remédio
Pra ver se meu pai melhora

[...]

A voz disse pra Roldão:
— Esse remédio é custoso
Ao mesmo tempo era fácil
Se existisse um corajoso
Que se atrevesse a ir buscá-lo
No Reino Misterioso

Existe lá nesse reino
Um papagaio excelente
Todo meio-dia chora
Como quem uma dor sente
A lágrima desse louro
Cura um cego de repente
[...]

(*Literatura de cordel*. São Paulo: Luzeiro,1993. Col. Luzeiro.)

Paratodos

O meu pai era paulista
Meu avô, pernambucano
O meu bisavô, mineiro
Meu tataravô, baiano
Meu maestro soberano
Foi Antonio Brasileiro
Foi Antonio Brasileiro

Quem soprou esta toada
Que cobri de redondilhas
Pra seguir minha jornada
E com a vista enevoada
Ver o inferno e maravilhas
Nessas tortuosas trilhas
A viola me redime
Creia, ilustre cavalheiro
Contra fel, moléstia, crime
Use Dorival Caymmi
Vá de Jackson do Pandeiro
Vi cidades, vi dinheiro
Bandoleiros, vi hospícios
Moças feito passarinho
Avoando de edifícios
Fume Ari, cheire Vinícius

Beba Nelson Cavaquinho
Para um coração mesquinho
Contra a solidão agreste
Luiz Gonzaga é tiro certo
Pixinguinha é inconteste
Tome Noel, Cartola, Orestes
Caetano e João Gilberto
Viva Erasmo, Ben, Roberto
Gil e Hermeto, palmas para
Todos os instrumentistas
Salve Edu, Bituca, Nara
Gal, Bethania, Rita, Clara
Evoé, jovens à vista
O meu pai era paulista
Meu avô, pernambucano
O meu bisavô, mineiro
Meu tataravô, baiano
Vou na estrada há muitos anos
Sou um artista brasileiro

(*Paratodos*. Chico Buarque. Sony/BMG, 1993.)

C5 • H15

62 Mesmo sabendo que o texto de Severino (Cirilo) foi produzido no século XX, percebemos estreita ligação com o estilo trovadoresco, reinante na Península Ibérica na Alta Idade Média. Qual das alternativas abaixo contempla essa ligação?

a) sátira, uso de redondilha e crítica social
b) caráter narrativo, uso de redondilha e misticismo
c) medida nova, teocentrismo e caráter narrativo
d) crítica social, teocentrismo e medida nova
e) lirismo sensual, verso livre e misticismo

C4 • H14

63 Os versos de Cirilo e de Chico Buarque apresentam a mesma estrutura poética. Além dessa característica, há outra que os aproxima — o caráter aventureiro das narrativas. Identifique a alternativa cujos versos justificam essa informação.

a) Sem esperar, de repente / Meu avô, pernambucano

b) Mas vivia alegremente / Vi cidades, vi dinheiro

c) Pai de dois filhos solteiros / Contra a solidão agreste

d) Por este mundão afora... / Pra seguir minha jornada

e) Roldão, o filho mais moço / Vou na estrada há muitos anos

C4 • H12 e C5 • H17

64 No texto de Chico Buarque, que papel cumprem os artistas citados?

_____
_____
_____
_____

Os versos a seguir, de autoria de Manoel de Barros, fazem parte da obra *O livro das ignorãças*. Leia-os e depois responda às questões 65 e 66.

Para apalpar as intimidades do mundo é preciso saber:

a) Que o esplendor da manhã não se abre com faca

b) O modo como as violetas preparam o dia para morrer

c) Por que é que as borboletas de tarjas vermelhas têm devoção
[por túmulos

d) Se o homem que toca de tarde sua existência num fagote, tem
[salvação

e) Que um rio que flui entre dois jacintos carrega mais ternura
[que um rio que flui entre dois lagartos

f) Como pegar na voz de um peixe

g) Qual o lado da noite que umedece primeiro

Etc.

etc.

etc.

Desaprender oito horas por dia ensina os princípios.

(Manoel de Barros. *O livro da ignorãças*.
Rio de Janeiro: Record, 1993.)

C5 • H16 e H17

65 O eu lírico apresenta uma pequena lista do que é preciso saber e, ao final, afirma o que é necessário "desaprender" para conhecer os princípios. De acordo com o poema, de qual "desaprendizado" o eu lírico poderia estar tratando?

a) esquecer as teorias matemáticas
b) negar a vida no que ela tem de previsível
c) desaprender a justiça dos homens
d) esquecer as convenções religiosas
e) abolir as leis da física

C4 • H12

66 O poema de Manoel de Barros é um convite à reflexão e à criatividade. Que significados podem ser depreendidos da expressão "apalpar as intimidades do mundo"?

___

Texto para as questões 67 e 68:

XX

O Tejo é mais belo que o rio que corre pela minha aldeia.
Mas o Tejo não é mais belo que o rio que corre pela minha
[aldeia.
Porque o Tejo não é o rio que corre pela minha aldeia.

O Tejo tem grandes navios
E navega nele ainda,
Para aqueles que veem em tudo o que lá não está,
A memória das naus.

O Tejo desce de Espanha
E o Tejo entra no mar em Portugal.
Toda a gente sabe isso.
Mas poucos sabem qual é o rio da minha aldeia
E para onde ele vai
E donde ele vem.
E por isso, porque pertence a menos gente,
É mais livre e maior o rio da minha aldeia.

Pelo Tejo vai-se para o mundo
Para além do Tejo há a América
E a fortuna daqueles que a encontram.
Ninguém nunca pensou no que há para além
Do rio da minha aldeia.

O rio da minha aldeia não faz pensar em nada.
Quem está ao pé dele está só ao pé dele.

(Alberto Caeiro. *O guardador de rebanhos.*
Rio de Janeiro: Nova Aguilar, 1986.)

C6 • H18

67 No poema, o eu lírico reconhece a beleza e a importância do Tejo. Contudo, ele afirma preferir o rio de sua aldeia. Por que ele tem essa preferência?

a) Pela beleza do rio da aldeia.
b) O Tejo vem da Espanha e o rio da aldeia é português.
c) O rio da aldeia está próximo dele, enquanto o Tejo está longe.
d) O rio da aldeia vai para a América.
e) O Tejo não o faz pensar em nada, ao contrário do rio da aldeia.

C7 • H23 e H24

68 A leitura da primeira estrofe do poema pode, inicialmente, causar estranheza. Contudo, a presença de uma conjunção adversativa (mas) na estrofe ajuda a entender a comparação entre o rio Tejo e o rio da aldeia do poeta. Que sentido o emprego dessa conjunção confere à comparação entre os dois rios?

a) Os dois rios formam um único na imaginação do poeta.
b) O rio da aldeia se sobrepõe ao Tejo.
c) A importância do rio da aldeia é minimizada.
d) O Tejo é descrito como um rio histórico.
e) Nenhum dos dois rios é importante para o poeta.

Textos para as questões 69, 70 e 71:

Texto 1

Quem vê, Senhora, claro e manifesto
O lindo ser de vossos olhos belos,
Se não perder a vista só com vê-los,
Já não paga o que deve a vosso gesto.

Este me parecia preço honesto;
Mas eu, por de vantagem merecê-los,
Dei mais a vida e alma por querê-los.
Donde já me não fica mais de resto.

Assim que a vida e alma e esperança,
E tudo quanto tenho, tudo é vosso,
E o proveito disso eu só o levo.

Porque é tamanha bem-aventurança
O dar-vos quanto tenho e quanto posso,
Que quanto mais vos pago, mais vos devo.

(Luís de Camões. "Rimas". In: *Obra completa*.
Rio de Janeiro: Nova Aguilar, 1988.)

Texto 2

Olhos verdes

São uns olhos verdes, verdes,
Uns olhos de verde-mar,
Quando o tempo vai bonança;
Uns olhos cor de esperança,
Uns olhos por que morri;
Que ai de mim!
Nem já sei qual fiquei sendo
Depois que os vi!
Como duas esmeraldas,
Iguais na forma e na cor,
Têm luz mais branda e mais forte,
Diz uma — vida, outra — morte;
Uma — loucura, outra — amor.
Mas ai de mim!
Nem já sei qual fiquei sendo
Depois que os vi!

São verdes da cor do prado,
Exprimem qualquer paixão,
Tão facilmente se inflamam,
Tão meigamente derramam
Fogo e luz do coração

Mas ai de mim!

Nem já sei qual fiquei sendo

depois que os vi!

[...]

(Gonçalves Dias. *Poesia e prosa completas*.
Rio de Janeiro: Nova Aguilar, 1998.)

C6 • H19 e C7 • H23

69 Nos dois poemas, de caráter lírico, a construção do conflito — a busca da mulher amada — se sustenta em uma contradição. Identifique, entre os itens abaixo, o verso que expõe essa contradição em cada um dos textos.

a) texto 1: O lindo ser de vossos olhos belos; texto 2: Uns olhos de verde-mar

b) texto 1: Se não perder a vista só com vê-los; texto 2: Como duas esmeraldas

c) texto 1: O dar-vos quanto tenho e quanto posso; texto 2: Diz uma — vida, outra — morte

d) texto 1: Que quanto mais vos pago, mais vos devo; texto 2: Uma — loucura, outra — amor

e) texto 1: E tudo quanto tenho, tudo é vosso; texto 2: Fogo e luz do coração

C7 • H22

70 Os dois textos desenvolvem o mesmo tema: os olhos da amada. Apesar de um ter sido produzido no período renascentista e o outro no romântico, é possível encontrar identidade nos dois poemas quanto ao estado emocional do eu lírico diante do objeto de desejo? Justifique.

_____
_____
_____
_____
_____

C4 • H13

71 Na última estrofe do texto 1, o conflito do eu lírico é explicitado por meio de um paradoxo. Identifique o trecho correspondente a essa figura e explique o significado que ela apresenta no poema.

_____
_____
_____
_____

O soneto a seguir é de Cláudio Manuel da Costa, poeta que viveu no século XVIII. Leia-o e depois responda às questões 72 e 73.

> Se sou pobre pastor, se não governo
> Reinos, nações, províncias, mundo, e gentes;
> Se em frio, calma, e chuvas inclementes
> Passo o verão, outono, estio, inverno;
>
> Nem por isso trocara o abrigo terno
> Desta choça, em que vivo, coas enchentes
> Dessa grande fortuna: assaz presentes
> Tenho as paixões desse tormento eterno.
>
> Adorar as traições, amar o engano,
> Ouvir dos lastimosos o gemido,
> Passar aflito o dia, o mês, e o ano;
>
> Seja embora prazer; que a meu ouvido
> Soa melhor a voz do desengano,
> Que da torpe lisonja o infame ruído.

(Péricles Eugênio da Silva Ramos, org. *Poemas de Cláudio Manuel da Costa.* São Paulo: Cultrix, 1976.)

C6 • H18

72 O Arcadismo, movimento literário do século XVIII, representa um apelo à simplicidade e à valorização da natureza. No poema lido, essas características aparecem no verso:

a) "Tenho as paixões desse tormento eterno."
b) "Adorar as traições, amar o engano,"
c) "Passar aflito o dia, o mês, e o ano;"
d) "Se sou pobre pastor, se não governo"
e) "Ouvir dos lastimosos o gemido,"

C4 • H12 e C5 • H15

73 No soneto, o eu lírico opõe duas concepções de vida. Quais são essas concepções? Justifique a escolha que o eu lírico faz por uma delas.

_____
_____
_____
_____
_____
_____

Veja as imagens a seguir e depois responda às questões 74 e 75:

3 de maio de 1808 (1814), de Francisco de Goya.

FRANCISCO DE GOYA Y LUCIENTES, *3 DE MAIO DE 1808* (1814)

(Laerte. *Folha de S. Paulo*, 17/12/2010.)

C5 • H16

74 A tira de Laerte faz uma citação do quadro de Goya. Que elemento do quadro corresponde aos pincéis dos artistas desenhados na tira?

a) as mãos das pessoas cobrindo o rosto

b) os chapéus dos soldados

c) o sangue, no chão, à esquerda

d) os fuzis dos soldados

e) as espadas na cintura dos soldados

C6 • H18

75 No quadro de Goya destaca-se a morte, representada também pelo sangue de um dos fuzilados, no chão. Na tira, como a situação de morte por execução está representada?

a) pelas telas dos pintores, em tom avermelhado

b) pelos respingos de tinta na parede

c) pela venda nos olhos do modelo

d) pela ausência de expressão no rosto dos pintores

e) pela expressão de desespero do modelo

Texto para as questões 76, 77 e 78:

A lagartixa

A lagartixa ao sol ardente vive,
E fazendo verão o corpo espicha:
O clarão dos teus olhos me dá vida,
Tu és o sol e eu sou a lagartixa.

Amo-te como o vinho e como o sono,
Tu és meu copo e amoroso leito...
Mas teu néctar de amor jamais se esgota,
Travesseiro não há como teu peito.

Posso agora viver: para coroas
Não preciso no prado colher flores;
Engrinaldo melhor a minha fronte
Nas rosas mais gentis de teus amores.

Vale todo um harém a minha bela,
Em fazer-me ditoso ela capricha;
Vivo ao sol de seus olhos namorados,
Como ao sol de verão a lagartixa.

(Álvares de Azevedo. *Lira dos vinte anos*. In: *Obra completa*. Rio de Janeiro: Nova Aguilar, 2000.)

C4 • H13 e C5 • H16

76 Nos versos, o eu lírico fala da importância da amada na sua vida. Qual efeito ele obtém ao comparar-se com uma lagartixa?

a) Ridicularizar o pequeno animal.
b) Enaltecer seu amor.
c) Maldizer a sorte.
d) Satirizar o sentimentalismo.
e) Valorizar as paixões.

C6 • H18

77 Logo na primeira estrofe do poema, há duas comparações implícitas, ou seja, nas quais o elemento comparativo está ausente. Que nome se dá a essa figura de linguagem?

a) metonímia
b) metáfora
c) antítese
d) paradoxo
e) personificação

C5 • H16

78 Apesar do caráter irônico, o poema é uma produção filiada ao Romantismo, movimento literário da primeira metade do século XIX, o Romantismo. Em qual alternativa o verso reproduzido contém elementos característicos desse movimento?

a) "E fazendo verão o corpo espicha:"
b) "Nas rosas mais gentis de teus amores."
c) "A lagartixa ao sol ardente vive,"
d) "Não preciso no prado colher flores;"
e) "Como ao sol de verão a lagartixa."

Texto para as questões 79 e 80:

Educação

Durante algum tempo tentou ensiná-lo a fazer pipi no lugar certo. Esfregava-lhe o nariz na poça amarela, batia com jornal e, duas vezes ao dia, o levava a passear. Mas o homem relutava em aprender. E o cachorro não teve outro remédio senão mantê-lo para sempre trancado no banheiro.

(Marina Colasanti. *Zooilógico — Minicontos fantásticos*. Rio de Janeiro: Nórdica, 1985.)

C6 • H18

79 A leitura do texto "Educação" produz estranheza, advinda da possibilidade do descompromisso com a racionalidade, por tratar-se de texto literário. O que, na trama lida, produz essa estranheza?

a) Bater com jornal.

b) Inversão do ponto de vista a respeito da relação homem-animal.

c) O pipi não é feito no lugar certo.

d) O texto induz o leitor a achar que o cachorro é desobediente.

e) O homem precisou prender o cão no banheiro para sempre.

C6 • H18

80 O subtítulo do livro de Marina Colasanti, do qual foi retirado o texto lido é: *Minicontos fantásticos*. Que elemento presente no texto leva o leitor a considerá-lo, de fato, um pequeno conto?

a) a estrutura, em versos, de uma só estrofe

b) o caráter lírico, assim como de um autorrelato

c) o conflito

d) um fato cotidiano narrado com humor

e) narrativa em 3.ª pessoa contendo crítica social

Textos para as questões 81, 82 e 83:

Texto 1

Ode ao burguês

Eu insulto o burguês! O burguês-níquel,
o burguês-burguês!
A digestão benfeita de São Paulo!
O homem-curva! o homem-nádegas!
O homem que sendo francês, brasileiro, italiano,
é sempre um cauteloso pouco-a-pouco!
Eu insulto as aristocracias cautelosas!
Os barões lampiões! os condes Joões! os duques zurros!
que vivem dentro de muros sem pulos;
e gemem sangues de alguns mil-réis fracos
para dizerem que as filhas da senhora falam o francês
e tocam os "Printemps" com as unhas!
Eu insulto o burguês-funesto!

O indigesto feijão com toucinho, dono das tradições!
Fora os que algarismam os amanhãs!
Olha a vida dos nossos setembros!
Fará Sol? Choverá? Arlequinal!
Mas à chuva dos rosais
o êxtase fará sempre Sol!
Morte à gordura!
Morte às adiposidades cerebrais!
Morte ao burguês-mensal!
ao burguês-cinema! ao burguês-tílburi!
Padaria Suissa! Morte viva ao Adriano!
"— Ai, filha, que te darei pelos teus anos?
— Um colar... — Conto e quinhentos!!!
Mas nós morremos de fome!"
Come! Come-te a ti mesmo, oh gelatina pasma!
Oh! *purée* de batatas morais!
Oh! cabelos nas ventas! oh! carecas!
Ódio aos temperamentos regulares!
Ódio aos relógios musculares! Morte à infâmia!
Ódio à soma! Ódio aos secos e molhados!
Ódio aos sem desfalecimentos nem arrependimentos,
sempiternamente as mesmices convencionais!
De mãos nas costas! Marco eu o compasso! Eia!
Dois a dois! Primeira posição! Marcha!
Todos para a Central do meu rancor inebriante
Ódio e insulto! Ódio e raiva! Ódio e mais ódio!
Morte ao burguês de giolhos,
cheirando religião e que não crê em Deus!
Ódio vermelho! Ódio fecundo! Ódio cíclico!
Ódio fundamento, sem perdão!
Fora! Fu! Fora o bom burgês!...

(Mário de Andrade. *Poesias completas*.
São Paulo: Círculo do Livro, 1982.)

Texto 2

Burguesinha

Vai no cabeleireiro

No esteticista

Malha o dia inteiro

Pinta de artista

Saca dinheiro

Vai de motorista
Com seu carro esporte
Vai zoar na pista
Final de semana
Na casa de praia
Só gastando grana
Na maior gandaia
Vai pra balada
Dança bate estaca
Com a sua tribo
Até de madrugada
Burguesinha, burguesinha
Burguesinha, burguesinha
Burguesinha
Só no filé
Burguesinha, burguesinha
Burguesinha, burguesinha
Burguesinha
Tem o que quer
Burguesinha, burguesinha
Burguesinha, burguesinha
Burguesinha
Do croissant
Burguesinha, burguesinha
Burguesinha, burguesinha
Burguesinha
Suquinho de maçã

(Seu Jorge, Moura e Serrinha.In: *América Brasil*. EMI, 2007.)

C4 • H12 e H13

81 O texto 1 foi escrito na década de 20 do século passado, e o outro, "Burguesinha", é do século XXI. Em que consiste o diálogo que os textos mantêm entre si?

a) No assunto, que é o mesmo: casarões e carros.

b) No ódio ao burguês, que prevalece em ambos.

c) Na valorização da absorção da cultura estrangeira, presente em ambos.

d) No tema, que é a xenofobia.

e) Na ridicularização da figura do(a) burguês (burguesa).

C6 • H18

82 No texto 1, o verso "Morte às adiposidades cerebrais!" pode ser entendido como:

a) conclamação ao combate à ignorância da burguesia.
b) ironia em relação aos burgueses obesos.
c) campanha pela erradicação da cegueira entre os burgueses.
d) sátira à calvície da classe burguesa.
e) ordem para o assassinato da cultura burguesa.

C5 • H15

83 Que visão da classe burguesa é expressa no poema de Mário de Andrade e na música "Burguesinha", cantada por Seu Jorge? Há semelhanças entra as maneiras como essa classe social é vista nas duas produções?